essentials liefern aktuelles Wissen in konzentrierter Form. Die Essenz dessen, worauf es als „State-of-the-Art" in der gegenwärtigen Fachdiskussion oder in der Praxis ankommt. *essentials* informieren schnell, unkompliziert und verständlich

- als Einführung in ein aktuelles Thema aus Ihrem Fachgebiet
- als Einstieg in ein für Sie noch unbekanntes Themenfeld
- als Einblick, um zum Thema mitreden zu können

Die Bücher in elektronischer und gedruckter Form bringen das Fachwissen von Springerautor*innen kompakt zur Darstellung. Sie sind besonders für die Nutzung als eBook auf Tablet-PCs, eBook-Readern und Smartphones geeignet. *essentials* sind Wissensbausteine aus den Wirtschafts-, Sozial- und Geisteswissenschaften, aus Technik und Naturwissenschaften sowie aus Medizin, Psychologie und Gesundheitsberufen. Von renommierten Autor*innen aller Springer-Verlagsmarken.

Michael Zirkler · Christian Bachmann

Produktiver Umgang mit Spannungsfeldern und Grenzen in der Projektarbeit

Handlungsempfehlungen aus der Praxis

Springer

Michael Zirkler
Fachgruppe Organisationsentwicklung
und -beratung
Zürcher Hochschule für Angewandte
Wissenschaften
Zürich, Schweiz

Christian Bachmann
BWI Management Weiterbildung AG
Zürich, Schweiz

ISSN 2197-6708   ISSN 2197-6716   (electronic)
essentials
ISBN 978-3-662-68315-6   ISBN 978-3-662-68316-3   (eBook)
https://doi.org/10.1007/978-3-662-68316-3

Die Deutsche Nationalbibliothek verzeichnet diese Publikation in der Deutschen Nationalbibliografie; detaillierte bibliografische Daten sind im Internet über http://dnb.d-nb.de abrufbar.

Planung/Lektorat: Marion Krämer
Springer ist ein Imprint der eingetragenen Gesellschaft Springer-Verlag GmbH, DE und ist ein Teil von Springer Nature.
Die Anschrift der Gesellschaft ist: Heidelberger Platz 3, 14197 Berlin, Germany

Das Papier dieses Produkts ist recyclebar.

Was Sie in diesem *essential* finden können

- Einführung in die Theorie und Praxis von Spannungsfeldern und Grenzen
- Darstellung von Spannungsfeldern in der Projektarbeit
- Hinweise und Empfehlungen aus der Praxis
- Strategien im Umgang mit Spannungsfeldern

Vorwort

Die Frage, wie wir im Zeitalter von technologischer und sozialer Beschleunigung ein produktives, gutes, gesundes und nachhaltiges berufliches Leben führen können, beschäftigt viele Menschen. Die Antworten und Empfehlungen dazu sind so vielfältig wie weitreichend, in vielen Fällen bleiben sie für die Umsetzung aber wohl zu abstrakt. Es fehlt nicht an Konzepten als vielmehr an lebenstauglichen Praktiken dort, wo zahlreiche Spannungen, Ambivalenzen und Widersprüche Entscheidungen und deren Umsetzungen höchst anspruchsvoll werden lassen.

Wir haben nicht vor, der erheblichen Literatur zum Selbstmanagement ein weiteres Ratgeberbuch hinzuzufügen. Die Fragestellung, die uns für diese Publikation leitete, war es herauszufinden, mit welchen konkreten Spannungsfeldern Menschen in der Rolle als Projektleiter:innen konfrontiert sind und welche Kompetenzen sie entwickelt haben, diese zu regulieren. Dabei ist es zunächst nicht bedeutsam, ob die Projektleitungsrolle von Führungskräften, Fachkadern, Spezialist:innen oder administrativem Personal übernommen wird. Es war und ist jedoch unsere Annahme, dass sich Spannungsfelder in der beruflichen Tätigkeit ganz besonders in der Projektarbeit zeigen. Sie sind aber in eigentlichen allen Aufgabenfeldern vorhanden. Insofern gibt es Grund zur Vermutung, dass sich die Erkenntnisse des vorliegenden Bandes im Prinzip auch auf andere Tätigkeitsbereiche in der Arbeitswelt übertragen lassen.

Wir haben qualitative Interviews mit Menschen in der Projektleitungsrolle geführt und inhaltsanalytisch ausgewertet. Das Ziel ist es, Rollenträger:innen „Projektleitung" Impulse und Anregungen zu geben, wie sie für ihre persönlichen und beruflichen Spannungsfelder, in denen sie sich bewegen, einen nachhaltigen Umgang finden können, ohne ihre persönlichen Ressourcen dauerhaft auszubeuten. Idealerweise können sie in der Auseinandersetzung mit und Gestaltung von Spannungsfeldern sogar Energie schöpfen und sich weiterentwickeln.

Wir möchten die Gelegenheit nutzen und an dieser Stelle einigen Personen danken, die zum Gelingen des vorliegenden Buchs wesentlich beigetragen haben: Alessia Irina Bargetzi, Flavio Fortiguerra und Anja Lachmann für die Datenerhebungen und -analysen sowie Jan Müller für das Lektorat.

Dank gilt auch unseren Heimatorganisationen, der Zürcher Hochschule für Angewandte Wissenschaften, Departement Angewandte Psychologie und dem Beratungs- und Weiterbildungsinstitut BWI AG für ihre jeweiligen zeitlichen und finanziellen Unterstützungen.

Jona und Basel   Michael Zirkler
im September 2023   Christian Bachmann

Inhaltsverzeichnis

Hinführung

Dynamische Verhältnisse mit hohen Veränderungs- und Anpassungsraten führen Organisationen immer mehr dazu, projektförmig vorzugehen. Projekte haben den Vorteil, dass sie, jedenfalls in der Theorie, über begrenzten Zeitraum angelegt sind und mit begrenzten Mitteln definierte Ziele erreichen sollen. Ressourcen aus den Regelprozessen der Organisation werden dazu für die Projekte eingesetzt und falls notwendig mit externen ergänzt. Die Dynamik an den Märkten sowie diejenige von Organisationen selbst führen dazu, dass auch die Projektarbeit dynamischer wird. Alle zusätzlichen Anforderungen, welche nicht über Regelprozesse bearbeitet werden können, werden in Projekte „versorgt". Wenn die Anforderungen steigen, steigt auch die Anzahl von Projekten. Diese Entwicklung birgt das Risiko, dass viele Projekte (gleichzeitig) laufen, gegenseitige Abhängigkeiten entstehen und sich die Projekte, jedenfalls teilweise, im Weg stehen. Viele Projekte verzögern sich nicht selten deutlich, die Kosten explodieren oft, manche versanden. Projekte zu managen ist damit eine herausfordernde und energiezehrende Arbeit, die ein hohes Maß an Kompetenzen und Fähigkeiten unterschiedlicher Art verlangen.

Scope – Time – Cost sind die Schlagwörter: Immer wieder neue und anspruchsvolle Ziele müssen in einem beschränkten Zeitraum und mit limitierten Budgets realisiert werden. In diesem Trilemma entstehen immer laufend Spannungsfelder, in deren Zentrum Projektleiter:innen stehen. Bei hoher Dynamik und externen Abhängigkeiten, denen Projektteams ausgesetzt sind, können oft nur zwei der drei Steuergrößen beeinflusst werden. Damit werden die Projektverantwortlichen aus der Sicht der internen und externen Anspruchsgruppen (Stakeholder) zur Projektionsfläche von hohen und manchmal auch unerfüllbaren Erwartungen.

© Der/die Autor(en), exklusiv lizenziert an Springer-Verlag GmbH, DE, ein Teil von Springer Nature 2023
M. Zirkler und C. Bachmann, *Produktiver Umgang mit Spannungsfeldern und Grenzen in der Projektarbeit*, essentials,
https://doi.org/10.1007/978-3-662-68316-3_1

In diesen Spannungsfeldern zwischen Zielen, Zeit und Kosten spielt der reflektierte Umgang mit den persönlichen Grenzen und Spannungsfeldern sowie mit jenen des Projektes eine zentrale Rolle. Grenzen stellen Unterscheidungen dar. Im nächsten Kapitel werden die Spannungsfelder skizziert, die aus Sicht der Praxis in der Projektarbeit entstehen. Danach wird eine Diskussion geführt zu Spannungsfeldern, Grenzen, ihren Formen und Funktionen. In einem nächsten Schritt werden Hinweise und Empfehlungen aus der Praxis dargestellt, die sich im Umgang mit Spannungsfeldern bewährt haben. Diese werden abschliessend ergänzt mit Strategien, die im Umgang mit Spannungsfeldern zur Anwendung kommen können.

Das Buch soll im Alltag helfen, Spannungsfelder zu erkennen, sich in ihnen durch Grenzmanagement möglichst produktiv zu bewegen und insgesamt die Arbeit als Projektleiter:in mit Freude, Erfolg und bleibender Gesundheit erledigen zu können.

Spannungsfelder in der Praxis

2

2.1 Untersuchungsfeld und Methodik

Um genauer in Erfahrung zu bringen, welche Spannungsfelder Projektleiter:innen in ihrem Arbeitsalltag erleben, haben wir qualitative Interviews geführt und diese inhaltsanalytisch ausgewertet. Dabei wurden die Erfahrungen von Menschen mit unterschiedlicher Berufserfahrung, in verschiedenen Branchen sowie verschiedenartigen Projekten abgeholt.

Die Untersuchung hat keinen Anspruch auf Repräsentativität, zeigt aber die potenziellen Herausforderungen von Projektleiter:innen auf. In welchem Ausmaß diese quantitativ beschreibbar auftreten, kann mit unseren Daten nicht ermittelt werden.

Die von den befragten Personen beschriebenen Spannungen werden im Folgenden detailliert dargestellt. Dabei kommen die Interviewpartner:innen ausführlich zu Wort, um ein besseres Gefühl dafür zu vermitteln, wie die Erlebniswelten in der Praxis konkret aussehen. Die hier verwendeten Zitatausschnitte aus den Interviews wurden zum Teil gekürzt und für eine bessere Lesbarkeit sprachlich angepasst. Der wissenschaftlichen Redlichkeit folgend sind die verwendeten Zitatausschnitte jeweils mit einem Kürzel und einer Abschnittsnummer versehen, die auf unser Datenmaterial verweisen.

M. Zirkler und C. Bachmann, *Produktiver Umgang mit Spannungsfeldern und Grenzen in der Projektarbeit*, essentials, https://doi.org/10.1007/978-3-662-68316-3_2

2.2   Grundspannungen in der Projektarbeit

Zu den Grundspannungen von Projektleiter:innen zählen wir die «normalen» Herausforderungen der Projektarbeit. Diese sind insbesondere dadurch gekennzeichnet, dass in der Projektleitungsfunktion in der Regel keine direkten Weisungsbefugnisse vorhanden sind, sondern die Einflussnahme insbesondere auf die Projektmitarbeiter:innen nur «schwach» mittels Kooperationsanfragen erfolgen kann. Projektleiter:innen können natürlich durchaus über die Regelorganisation (Linie) eskalieren, was sie aber aufgrund der hohen Kooperationsanforderungen und einer «freiwilligen» Zusammenarbeit in eine schwierige Situation bringt und deshalb selten zielführend ist.

Die Grundspannungen in der Projektarbeit werden aus Sicht der Praxis wie folgt beschrieben:

> Man hängt da als Projektleiter immer ein bisschen zwischen den Stühlen. Auf der einen Seite hat man natürlich den Kunden, der seine Anforderungen hat. Und immer wieder die Sonderwünsche zwischendrin. Auf der anderen Seite hat man dann die Termine und die Kosten, die man im Blick haben muss. Und als dritten Gegenspieler hat man eigentlich sein Projektteam, das schauen möchte, dass man in der geforderten Zeit möglichst auch durchkommt. Und wenn so Sonderwünsche kommen, versucht man natürlich dann irgendwie, es hinzubekommen. Man muss es jedem recht machen. Man muss schauen, dass man Termine und Kosten weiterhin irgendwie mit diesen neuen Anforderungen unter Dach und Fach bekommt. Es ist immer so ein Balanceakt.(FM 30:2)

Die Projektleitungen übernehmen die «Vermittlung» von unterschiedlichen Ausgangslagen, Vorstellungen, Vorgehensweisen, Kompetenzen usw. und müssen damit an den verschiedenen Grenzen Brücken bauen.

> Dem Kunden muss man immer wieder hinterherlaufen, den Partnern hinterherlaufen. Intern schauen, dass alles läuft. Und ja, man muss halt irgendwie so der Papa über der ganzen Sache sein. Und schauen, dass alle zufrieden sind. Dass es bei allen läuft. Und gucken, dass man versucht die Störfaktoren außen vor zu lassen. (FM 30:22)

Dabei steht die Steuerung der sozialen Komplexität klar im Vordergrund. Projektleiter:innen können und müssen über Personen und deren Rollen auf Fachwissen, Motivation, Zeitressourcen usw. zugreifen.

Die Projektleitung hat den Anspruch, gute Arbeit zu leisten, d. h. das Projekt in der geforderten Zeit erfolgreich abzuschließen. Es wird viel Verantwortung für das Gelingen übernommen, häufig erledigt man Aufgaben von Anderen, wenn diese nicht liefern können oder wollen. Abgrenzung ist ein ständiges Thema.

Viele wollen sich besser abgrenzen, stehen dann aber im Konflikt mit dem Projekt, das sich dadurch verzögern würde.

> Ich will gute Arbeit leisten, ich bin der Verantwortliche und der Erfolg der Projekte ist mein Erfolg. Ich hatte eine Freundin und da gab es den Zeitfaktor: Wir konnten nicht mehr viel unternehmen, ich war hier im Projekt beschäftigt und das war der Punkt, wo ich mir meine ersten Gedanken gemacht habe, wo ich gedacht habe, warum mache ich das, die anderen machen ja auch alle Feierabend, sind glücklich und gehen nach Hause und ich mache hier elf Stunden am Tag.

Stress und Zeitdruck sind an der Tagesordnung. Die Aufgabe der Projektleitung scheint unmittelbar und notwendig damit verbunden zu sein.

Auch der intensive Kundenkontakt und die Beziehung zu Kund:innen führen dazu, dass man sich ihnen und damit dem Projekt gegenüber in einer Loyalitätsverpflichtung sieht.

2.3 Spannungsfelder im Kontext von Stakeholdern

In der Projektarbeit herrscht ein Verteilungskampf um Aufmerksamkeit im Sinne von prioritärer Behandlung. Dabei geht es vermutlich nicht nur um sachliche Aspekte, sondern auch um psychologische. Die Bedeutung der jeweiligen Stakeholder (Anspruchsgruppen) bemisst sich auch daran, wieviel Aufmerksamkeit und Wichtigkeit ihnen zugestanden wird. Aufmerksamkeit ist dabei als knappes Gut zu sehen, um das eine Wettbewerbssituation entsteht. Die Projektleitungsarbeit wird zur Gratwanderung ohne Sicherung:

> Bedürfnisse! Im Projektmanagement ist es so: Ich habe meine Stakeholder. Die sind alle sehr interessiert. Ich muss die alle abholen. Aber jeder ist für sich selber der Allerwichtigste (...). Man muss da priorisieren. Und tritt halt vielen Leuten auf die Füße. Und mein Vorgesetzter hat mir mal gesagt: du bist Projektleiterin. Es werden alle irgendwann sauer auf dich sein.

> (...) Den Leuten näher zu bringen, dass sie nicht die Einzigen sind. Und das ist wirklich eine Gratwanderung. Also ich sag immer gerne, ich lauf' hier auf einem Grat und bin eigentlich ungesichert. Und muss gucken, dass ich vor mir den Weg bauen kann. Aber gleichzeitig muss ich unter mir immer noch irgendwie so ein bisschen reparieren, weil es bröckelt alles. (HW 27:20).

Das Stakeholdermanagement ist anspruchsvoll. Die Stakeholder müssen nicht nur fachlich und inhaltlich, sondern auch von der Aufmerksamkeit her entsprechend abgeholt werden:

Bei so einem Projekt gibt es natürlich unglaublich viele Stakeholder, die alle extrem wichtig sind und denen auch die Wichtigkeit entgegengebracht werden muss. Jeder bringt seinen Part und jeder muss wie abgeholt werden. Und muss das Gefühl haben, er ist im Projekt eingebunden; soll auch eingebunden sein. Ich glaube, das ist eine große Herausforderung. Und dann immer die Gegenüberstellung von: Wieviel Budget haben wir? Und was wird verlangt? Und wieviel Produktionszeit brauchen wir? Wieviel Zeit geben wir dem Kunden, um Entscheidungen zu treffen? Es ist immer ein Abwägen und Balancieren. Ich glaube, das ist die größte Schwierigkeit von allen, die mitspielen im Projekt. (IW 27:13)

2.4   Spannungsfelder im Kontext von Ressourcen

Es ist Teil der Grundlogik von Projekten (Kap. 1) dass die Ressourcen begrenzt und in der Regel eher knapper als großzügig angelegt sind. Der Kampf um Ressourcen ist eine wesentliche Aufgabe der Projektleitung, die notwendigerweise zu Spannungen führt.

Wir haben eine Liste von Projekten, die Konzernleitung gibt halt die Priorisierung der Projekte vor und dann ist das so, jedes Projekt beantragt seine Ressourcen und dann bespricht man das und je nachdem, wie hoch das Projekt dann priorisiert wird, kriegt man auch die Ressourcen. Aber Ressourcen sind immer Mangelware und bis jetzt ist es immer so, dass man nicht alle Ressourcen bekommen kann, das ist ein Kampf um die Ressourcen. (LM 32:55).

Diese Grundlogik führt zu Spannungsfeldern für die Projektleitungen, welche sie durch einen hohen persönlichen Einsatz lösen muss.

Ich habe schon einen hohen Anspruch an mich, also ich will einerseits Erfolg, aber ich will andererseits auch gute Arbeit machen und das heißt, dass ich Zeitressourcen zur Verfügung habe, aber auch immer wieder deutlich mehr Überstunden machen muss (…). Also ich finde als Projektleiter muss man durchaus auch die Motivation haben zu sagen, jetzt muss ich in die Säcke und jetzt muss das gelöst werden, also dafür nehme ich mir wieder einmal ein paar Tage oder ein verlängertes Wochenende oder so. Aber ich glaube, es ist nicht so ein planbarer Alltag, also manchmal arbeite ich auch bis nachts zehn Uhr, elf Uhr, weil es das jetzt gerade braucht und eine Deadline vorhanden ist (…). (SW 58:36).

Das Spannungsfeld im Kontext von (knappen) Ressourcen führt zu einer double-bind-Situation im Zusammenhang mit den Grundspannungen Abschn. 2.2, insbesondere dem hohen Verantwortungsgefühl sowie den Erfolgsattribuierungen.

Double-bind bezeichnet paradoxe Botschaften, die dazu führen, dass die davon Betroffenen es eigentlich nie richtig machen können, egal, wie sie sich verhalten (Bateson 1987).

Es kommt hinzu, dass die Ressourcensituation volatil ist, die Zuverlässigkeit und Planbarkeit von ohnehin knappen Ressourcen wird dann zu einem zusätzlichen Problem:

> Wenn wir Ressourcen wollen, müssen wir es mit dem jeweiligen Leiter vom Bereich abklären und dann gibt es natürlich Kollegen, die gewissen Ressourcen zustimmen. Es gibt dann aber auch Kollegen, die zugestimmt haben, jedoch im nächsten Meeting, sagen, nee das passt mir nicht mehr. Und das ist schon für mich dann ein Problem, ok Kollege, du hast mir zugestimmt, aber jetzt sagst du nein. Und wenn man dann mit der Argumentation kommt, ja du hast mir das so zugestimmt, ja dann heißt es, es hat sich jetzt geändert und dann habe ich natürlich wieder einen Stressfaktor, weil ich von heute auf morgen die Ressourcen, die ich eigentlich einkalkuliert habe, nicht mehr habe. (LM 32:61).

Der Kampf um die (knappen) Ressourcen wird nicht nur sachlogisch ausgetragen, sondern ist auch Teil des mikropolitischen Spiels der Organisation. Dieser Umstand dürfte einen weiteren Belastungseffekt auf die Projektleiter:innen darstellen:

> Manche Leute, die wir haben, sind halt sehr parteiisch. Mittlerweile habe ich mich gut gestellt mit denen. Ich hab' auch mal so nebenher gehört, dass ich deren Respekt verdient habe. Wobei ich überhaupt nicht verstehe, warum das sein muss. Ich will einfach nur meinen Job machen. Und deswegen, wenn ich komme und die um was bitte, dann krieg' ich eher etwas, wie wenn einer von meinen Kollegen kommt. (...) Nur, wenn irgendwas außerplanmäßig läuft, das ist dann halt immer die Frage. Man ist auf den Goodwill von diesem Vorgesetzten angewiesen, der die Ressourcen freigibt, da wird dann halt gehandelt. Das Schönste wär's, wenn das alles meine Untertanen wären und ich könnte sagen, hier, du machst jetzt das und jetzt das. Aber so ist es leider nicht. Ich muss auf deren Ressourcen zurückgreifen und bin halt von denen abhängig. (CM 36:63).

2.5   Spannungsfelder zwischen Wunsch und Wirklichkeit

Die Projektleitung versucht das zunächst Unmögliche irgendwie möglich zu machen. Häufig werden internen oder externen Kund:innen Versprechungen gemacht bzw. Leistungen verkauft, von denen niemand im Moment weiß, wie diese realisiert werden können, wie folgendes Beispiel zeigt:

In diesem einen Projekt, da hat man, gesagt, wir machen das für eine Million in anderthalb Jahren. Und das kann fliegen. Und wir haben dann für das Doppelte vom Geld in der doppelten Zeit ein Fahrrad gemacht. Ist jetzt ein bisschen stark abstrahiert. Und ich hab' irgendeinmal realisiert, man muss die Wünsche mal entgegennehmen. Und von der anderen Seite mal schauen, was möglich ist. Und dann irgendwie versuchen zu überlegen, was machen wir jetzt? Weil, von vornherein die Wünsche abblocken, das führt auf der anderen Seite nur zu: Wieso machst du nicht das, was ich will? Du sagst immer nein! Und wenn man bei den Entwicklern immer zu sehr den Wunsch reinbringt, dann kommt auch: Ja aber, das können wir gar nicht. Das können wir gar nicht, wie soll denn das gehen? Oder sie versuchen dann unbedingt das zu erfüllen und am Schluss kommt dann irgendwas raus, was viel zu lange dauert und viel zu teuer ist. Man muss irgendwie eine gewisse Zeit lang diese Schizophrenie ein bisschen leben. Und irgendeinmal das zusammenbringen und sagen, okay gut. Das ist so weit auseinander, aber wir wissen jetzt, das könnten wir. In der und der Zeit. Kostet so viel. Passt das auch noch? Also, man muss die Wünsche ein bisschen parallel laufen lassen und dann irgendeinmal zusammenbringen. (GM 38:31).

Kund:innen verlangen in Projekten Zuverlässigkeit und Verbindlichkeit, sind aber häufig selbst nicht in der Lage oder dazu bereit, diese zur Verfügung zu stellen. Es entsteht eine weitere Spannung im Bereich zwischen Wunsch und Wirklichkeit:

Wir sehen und ich erlebe das immer wieder, dass Verbindlichkeit ein immer schwierigeres Thema wird. Man fordert sie zwar von uns als Lieferant ein, aber selbst diese zu erbringen funktioniert nicht. Und das ist etwas, wie sag ich das dem Kunden, ich kann ja nicht sagen, du entscheidest nicht und ich komme dann morgen wieder oder ich komme wieder, wenn du entschieden hast, also muss man ihn hinführen und versuchen, ihn wahrzunehmen, ihm die Chance zu geben, dass er sich darin findet und trotzdem natürlich auch unsere internen Richtlinien durchsetzen zu können und unsere Ziele zu erreichen. Weil wenn ich viel Zeit mit dem Kunden verbringe und er so unverbindlich ist, dann kostet das immer Geld und Zeit. (…) Und das ist so dieser Spagat, in dem man ist. Auf die eine Seite die Kundenbeziehung nicht zu belasten durch das, aber trotzdem so zusammen zum Ziel zu kommen, das ist nicht immer einfach. (QM 60:14).

Die Spannungen auf der Kundenseite übertragen sich ins Projekt, das sich wie «Kaugummi» zieht. Die Projektleitung muss verhindern, dass sich eine Mentalität im Projektteam breit macht, die Gleiches mit Gleichem vergelten will:

Also das Spannungsfeld grundsätzlich zwischen Erwartungshaltungen des Kunden und der Erwartungshaltungen und Realität der Kunden und Lieferantenseite. Und dann natürlich auch zu vermitteln, wenn ein Kunde sich sehr, sehr dynamisch oder vage oder unverbindlich gibt und man kommt irgendwie nicht weiter, vor allem dann, wenn es eine Zusammenarbeit gibt. Es ist immer so, wir bauen etwas, der Kunde hilft mit beim Mitbauen und dann ist man auf Zusammenarbeit angewiesen und der eine muss seinen Teil zu einem gewissen Zeitpunkt liefern, damit der andere weiterarbeiten kann und wenn sich das immer wie Kaugummi zieht auf der Kundenseite kann man vielfach nicht viel machen. Man kann es einfach darstellen, aber man hat keine Weisungsbefugnis, man kann es auch nicht machen und auf der anderen Seite geht dann natürlich auch die Motivation auf unserer Seite weg und man sagt ja, der Kunde liefert nicht und dann so den Schlendrian zu verhindern, dass wir letzten Endes dann, wenn er geliefert hat nicht selbst nicht liefern, also das ist so, sich in diesem Kaugummi sich zu bewegen, das ist für mich immer auch eine rechte Herausforderung, aber natürlich auch von den Leuten her. (QM 60:18).

2.6   Spannungsfelder zwischen Beruf und Privat

Die Projektleitungsarbeit verlangt oft einen sehr hohen und flexiblen Einsatz, das Projekt hat hohe Priorität und macht es schwierig, sich abzugrenzen. In der Folge kann das private Umfeld leiden bzw. es fehlt schlicht die Zeit, private Beziehungen und Interessen ausreichend zu pflegen:

Projektleiter machen sehr viele Überstunden und das ist schon belastend, wenn wir noch viel mehr machen müssen, als unsere Arbeit selber und haben dann sehr wenig Zeit und ich persönlich kann da jetzt sagen, okay, dadurch dass wir sehr viel arbeiten, bleibt irgendwo auch das private Umfeld stehen. Das merke ich, sei es eine Freundin, neue Leute kennenlernen, das ist halt kaum möglich an gewissen Tagen, kurz vor dem Quartalsende beispielsweise. Diese Woche musste ich auch am Wochenende arbeiten, ist keine Vorgabe, aber wir haben Deadlines, die wir sonst nicht einhalten können und das ist natürlich auch ein Stressfaktor. (LM 32:65).

Die mentale Vereinnahmung der Projektarbeit in Verbindung mit einem hohen Verantwortungsgefühl führt dazu, dass das Abschalten nach Feierabend oft nicht gut gelingt, die Projekte beschäftigen die Projektleiter:innen häufig weiter.

Als Projektleiter ist man von morgens bis abends am Arbeiten. Also, wenn man Feierabend macht, hat man nie das Gefühl, man hat jetzt alles erledigt. Sondern es gibt eigentlich immer mehr Arbeit, als man erledigen kann. Das heißt, man ist eigentlich täglich am Priorisieren und am Schauen, was ist jetzt am wichtigsten. Da muss man immer wieder zurücktreten und muss schon wieder die anderen Projekte mit im Blick haben: Was kommt jetzt auf einem zu in der nächsten Phase, wo man sich schon wieder drauf vorbereiten muss? Und ja, da ist natürlich die Tendenz, wo man aufpassen muss, dass man halt das Private dann nachher nicht unter den Tisch fallen lässt. Sondern dass man auch am Nachmittag zu einem Ende kommt. Und dass man natürlich versuchen muss, dass man zu Hause auch abschalten kann. (FM 30:4)

Das private Umfeld ist manchmal sensibler für die hohe Belastung als die Projekt-
leiter:innen selbst. Je mehr Verantwortung hinzukommt, desto schwieriger wird
es, Distanz zur beruflichen Tätigkeit zu halten.

> Meine Frau merkt es eigentlich immer relativ schnell. Im Moment ist jetzt auch grad
> wieder so eine Phase. Ich werde nächste Woche Freitag in den Urlaub gehen und wie
> man weiß: Vor dem Urlaub ist immer nochmal Einiges los. Sie merkt es einfach von
> der Art her, dass ich wirklich sehr viel angespannter bin. Und dass ich dann mit den
> Gedanken zu Hause noch bei der Arbeit bin: Was muss jetzt noch erledigt werden und,
> und, und. Dann muss man halt irgendwie versuchen, dass man das ein bisschen sepa-
> rieren kann. Aber manchmal ist es nicht ganz so einfach, ja. Also, ich muss sagen, es
> war während meiner Projektleitertätigkeit fast noch einfacher als jetzt, wenn es Rich-
> tung Teamleiter geht. Weil jetzt auch oftmals so persönliche Sachen mit dranhängen,
> weil man halt jetzt seine Mitarbeiter unter sich hat. (FM 30:3-6).

Die Verhaltensmuster, welche sich im Laufe der Zeit etablieren, werden durchaus realisiert, aber es fehlt ein ausreichender Anlass zu Veränderung, bis eine
Krise eintritt, welche die Notwendigkeit von Veränderungen nochmal drastisch
markiert:

> Dass meine Ex-Freundin gegangen ist, das war für mich der Knalleffekt. Und so lange
> bis das passiert ist, habe ich nichts geändert. Ich habe es gemerkt, ich habe wahrge-
> nommen, dass ich sehr viel gearbeitet habe und dass das auch stressvoll ist, aber ich
> hatte mir keine Gedanken gemacht, das zu ändern. Bis dann wirklich der Knall war,
> wo ich sage, okay jetzt muss ich etwas verändern. (LM 32:83).

2.7   Zusammenfassung

Die Spannungsfelder für Projektleiter:innen ergeben sich aus der (sozialen)
Komplexität ihrer Aufgabe: sie müssen verschiedene Ansprüche, Interessen, Perspektiven, Erwartungen usw. mit Blick auf ein Projektziel hin auf möglichst
ökonomische Weise managen.

Projektleitung kann als Grenzgang beschrieben werden, bei dem an mehreren
Grenzen operiert, teilweise über Grenzen hinaus gegangen wird. Wir haben diese
als Spannungsfelder oben ausführlich dargestellt.

Projektleiter:innen gehen an ihre Aufgabe in der Regel mit hoher Motivation
und einem großen Maß an Verantwortung heran. Sie sehen dabei die Risiken mit
Blick auf gesundheitliche und soziale Probleme mehr oder wenig klar.

Es lässt sich aus den Interviewdaten ein Muster ableiten, welches Projektleiter:innen zunehmend mehr mit der Aufgabe identifiziert und sie persönlich involviert, was zu einer zunehmenden und dauerhaften Belastung sowie zu chronischem Stress führt. Gleichzeitig nehmen die Möglichkeiten und Fähigkeiten zur Erholung laufend ab, sie werden gleichsam verdrängt bzw. verlernt. Dabei verschieben sich persönliche Grenzen schleichend. Die Grenzverschiebung wird häufig nicht bemerkt. Die Wahrung eigener Leistungsgrenzen wird zunehmend problematisch.

Im extremen Fall werden die Folgeschäden wie Gereiztheit, erlebte Hilflosigkeit, Schlafprobleme, nicht mehr abschalten können, soziale Schwierigkeiten im privaten oder familiären Umfeld, usw. in Kauf genommen oder als „normal" verstanden. Selbst Burnout gehört in dieser Sichtweise irgendwie zum üblichen Berufsrisiko.

Interessanterweise werden die systemischen Bedingungen der Projektleitungsarbeit selbst nicht infrage gestellt. Allerdings wissen wir nicht, wie viele Personen früher oder später diese Tätigkeit aufgeben und sich andere berufliche Aufgaben suchen.

3.1 Der Begriff „Spannungsfeld"

3.1.1 Potenzialdifferenz

Der in der Physik (Elektrizitätslehre) gebräuchliche Begriff der Spannung beschreibt eine Potenzialdifferenz und bezeichnet somit eine Differenz potenzieller Energie zwischen zwei Punkten im Stromkreis. Je grösser der Betrag der Spannung ist, desto mehr potenzielle Energie ist vorhanden, um Elektronen zu bewegen. Entsprechend des Betrags kann mehr oder weniger Arbeit im gegebenen Stromkreis verrichtet werden. So lassen sich mit einer kleinen Batterie und tiefer Spannung nur kleine Geräte, beispielsweise eine Taschenlampe betreiben. Zur Verwendung etwa einer Waschmaschine, die mehr Leistung verlangt, ist entsprechend eine höhere Spannung notwendig.

Der Begriff der Potenzialdifferenz kann analog auf psychische und soziale Verhältnisse übertragen werden. Je grösser die Potenzialdifferenz bzw. Spannung, desto mehr potenzielle Bewegung kann erzeugt werden. So ist zum Beispiel die psychische Spannung vor einer Prüfung in der Regel hoch, wir sprechen im Alltag von Anspannung. Soziale Spannungen, die bei einer Demonstration sichtbar werden, können leicht eskalieren und gewalttätig werden.

> ➤ Spannungsfelder in der Arbeitswelt bestehen dort, wo zunächst nicht vereinbare Ansprüche, Erwartungen, Wünsche etc. herrschen bzw. subjektiv wahrgenommen werden.

Sie stellen damit einen Widerspruch her, der in der zweiwertigen Logik des Entweder-Oder (Aristoteles) nicht ohne weiteres aufgelöst werden kann.

© Der/die Autor(en), exklusiv lizenziert an Springer-Verlag GmbH, DE, ein Teil von Springer Nature 2023
M. Zirkler und C. Bachmann, *Produktiver Umgang mit Spannungsfeldern und Grenzen in der Projektarbeit*, essentials,
https://doi.org/10.1007/978-3-662-68316-3_3

Spannungsfelder sind im Arbeitsalltag normal und kommen ständig vor. Wenn sie eine gewisse Stärke überschreiten, können sie sich als antagonistische Kräfte bemerkbar machen, welche die psychologische Tendenz zur Auflösung (auf die eine oder andere Seite der Polarität) bewirken. Lassen sie sich nicht ausreichend auflösen oder regulieren, werden sie in der Regel als Stressoren wahrgenommen.

▶ Ein Spannungsfeld beschreibt die Größe und Intensität der Potenzialdifferenz, die darin herrscht.

3.1.2   Spannungsfelder im Projekt

Die Grundspannungen im jeweiligen Projekt, die Spannungsfelder im Kontext von Stakeholdern, Ressourcen und zwischen Wunsch und Wirklichkeit beziehen sich auf das Grenzmanagement im Projekt. Zur Bewirtschaftung dieser Spannungsfelder liefert die Projektmanagement-Methodik, wie sie in der gängigen Literatur beschrieben ist (Kuster et al., 2022) unterschiedliche Methoden und Werkzeuge. Im klassischen Projektmanagement sind dies z. B. der Projektstrukturplan, der Phasenplan, das Priorisieren von Anforderungen oder auch das Risiko-Management. Und auch das agile Projektmanagement agiert innerhalb klarer Grenzen, wie die Sprintlängen oder auch durch die Priorisierung der Backlogs.

Die Realität des Berufsalltages zeigt, dass Projektmanagement trotz hoher Professionalität sehr herausfordernd ist: Ein Projekt ist keine Insel, auf der isoliert und geschützt von allem und allen auf das Ziel hingearbeitet werden kann. Ein Projekt ist ein soziales System, welches hochgradig vernetzt und abhängig ist von seinem Umfeld. Damit werden auch definierte Grenzen wie das Projektbudget, der Scope oder die zugewiesenen Ressourcen immer wieder verschoben, aufgelöst oder neu gesetzt, was sich auf die Spannungsfelder auswirkt, innerhalb derer sich das Projekt bewegt.

3.1.3   Persönliche Spannungsfelder

Je stärker die Spannungsfelder sind, die in Projekten erzeugt werden, desto grösser ist auch die Auswirkung auf die Projektleiter:innen. In ihrem Anspruch, „das Unmögliche irgendwie möglich zu machen" (Abschn. 2.5) verstärkt sich das Spannungsfeld zwischen Wunsch und Wirklichkeit. Mit dem Versuch, diese Diskrepanz durch persönliche Anstrengung zu kompensieren, wird das Spannungsfeld zwischen Beruf und Privat verstärkt (Abschn. 2.6). Damit kommt auch die Abhängigkeit zwischen „Teil und Ganzem" (Abschn. 3.4) zum Ausdruck. Projekte sind Teil ihrer Heimatorganisationen so, wie Projektleiter:innen Teil der Projekte sind. Es besteht eine gegenseitige Abhängigkeit, durch welche sich die jeweiligen Zustände gegenseitig beeinflussen.

▷ Je stärker die Spannungsfelder sind, die durch Projekte erzeugt werden, desto grösser ist der Einfluss auf die persönlichen Spannungsfelder der Projektleiter:innen.

3.2 Grenzmanagement

Spannungsfelder können durch Grenzmanagement reguliert werden. Nachfolgend werden wesentliche Aspekte aufgearbeitet, die für die Regulierung von Spannungsfeldern wichtig sind.

3.2.1 Allgemeine Aspekte von Grenzen

Zunächst sollen einige wenige theoretische und allgemeine Aspekte von Grenzen erläutert werden, die zum Verständnis der Grenzthematik für unseren Kontext wichtig sind. Eine vollständige theoretische Abhandlung ist an dieser Stelle weder möglich noch notwendig. Es muss jedoch klar werden, welche fundamentale Bedeutung Grenzen haben und dass ohne Grenzen Leben unmöglich wäre.

Grenzen sind zunächst Unterscheidungsmarkierungen, die in vielen Bereichen vorkommen und sehr verschieden ausgestaltet sein können. Wenn von Grenzen die Rede ist, kommt es auf den Unterschied an. Grenzen bezeichnen den Unterschied von einem Bereich zu einem anderen. Genauer gesagt: mit der Einführung einer Unterscheidung (Grenze) werden Bereiche definiert. Ohne Unterschiedsmarkierungen, ohne Grenzen, könnte weder die materiellen noch die ideelle Welt existieren.

Diese Unterscheidungsthematik wird etwa in der biblischen Schöpfungsgeschichte aufgenommen, in der Gott laufend Unterscheidungen vornimmt (Genesis, Moses, 1. Kapitel): Wo vorher „nichts" war bzw. er alles ist, schafft er Himmel und Erde, schafft er Licht (und unterscheidet es von Finsternis), schafft er «Festes» und Wasser, schafft er am Ende den Menschen und unterscheidet ihn in zwei Geschlechter.

In der naturwissenschaftlichen Erklärung zur Entstehung des Universums wird davon ausgegangen, dass Materie, Zeit und Raum aus einer «Singularität» gleichzeitig entstanden sind. Singularität meint dabei, dass alles «eins» ist, nichts voneinander unterschieden werden kann. Vor dem «Urknall» waren dem kosmologischen Standardmodell zufolge Materie- und Energiedichte unendlich, d. h. nicht unterscheidbar. Eine Singularität ist für Menschen nicht wirklich vorstellbar, sie bleibt ein abstraktes Konstrukt.

Die Unterscheidungen scheinen dabei in vielen Fällen naturgegeben zu sein. Wasser und Land beispielsweise unterscheiden sich in ihren Beschaffenheiten, ihre Grenzen sind die Ufer und Küsten. Das Land selbst lässt sich dann wieder unterscheiden beispielsweise in Vegetationszonen oder nach geologischen Aspekten. Wie wir noch sehen werden, müssen wir diese Unterscheidungen von solchen unterscheiden (sic!), welche wir selbst vornehmen. Ob wir jemanden sympathisch finden oder nicht ist nicht naturgegeben, sondern ein Akt der mehr oder weniger bewussten Unterscheidungen von uns.

3.2.2   Grenzformen

Wenn wir an Grenzen denken, handelt es sich in erster Linie um räumliche Grenzen. Der Limes der Römer beispielsweise als Vorläufer von Landesgrenzen war ein «Grenzwall» und damit eine territoriale Grenze. Neben räumlichen Grenzen gibt es noch viele weitere Formen von Grenzen (siehe Liste unten). Im Prinzip hat alles, was sich unterscheiden lässt, eine Grenze. Grenzen markieren Unterscheidungen.

Eine unvollständige und unsortierte Liste verschiedener Formen von Grenzen mag die Vielfalt verdeutlichen:

- Geographische, räumliche Grenzen
- Zeitliche Grenzen (Vergangenheit, Gegenwart, Zukunft)
- Verantwortungsgrenzen (was sich legitimieren lässt)
- Handlungsgrenzen (was man tun kann)
- Sphärengrenzen (Zwischen Beruf und Privat)
- Planungsgrenzen (was man weiß und wissen kann bzw. was nicht)
- Gedankliche Grenzen (was man sich vorstellen kann)
- Kapazitätsgrenzen (was noch Platz hat)
- Moralische oder ethische Grenzen (was man tun darf oder soll)

- Wachstumsgrenzen (wie groß etwas werden kann)
- Informations- und Erreichbarkeitsgrenzen (was man verarbeiten kann)
- Grenzen zwischen Regelorganisation (Linienorganisation) und Projektorganisation (wo die verschiedenen Einflussmöglichkeiten lokalisiert sind)

Die Markierungen (Gemarkung, Mark) sind dabei ebenso vielfältig wie unterschiedlich: Zäune, Mauern, Grenzsteine, Seezeichen bis hin zu unsichtbaren Grenzlinien, welche nur auf Karten repräsentiert sind. So wird in einigen Schweizer Gemeinden noch heute der sogenannte «Banntag» ausgerichtet, bei dem die Gemeindemitglieder die Grenzen abschreiten und auf diese Weise ihren territorialen Anspruch regelmäßig symbolisch erneuern. Die «Bannmeile», etwa um den Deutschen Bundestag in Berlin bezeichnet eine abgegrenzte Zone, innerhalb derer bestimmte Handlungen nicht erlaubt sind (Demonstrationen) und die gleichsam als Schutzraum und Pufferzone zum Recht auf Äußerung durch das Volk installiert wurde. Am selben Ort findet sich eine Markierung auf dem Boden, welche die ehemalige Grenze zwischen Ost- und Westberlin repräsentiert als Erinnerung an die jahrzehntelang existierende Grenzmauer, welche quer durch die Stadt verlief. In diesem Zusammenhang sei auch auf den «Todesstreifen» verwiesen, eine Art «Niemandsland», ein Bereich zwischen den Mauern, der dabei helfen sollte, die Grenze (aus Sicht der DDR) zu sichern. Niemand durfte diesen Bereich betreten, es drohte Lebensgefahr bei Zuwiderhandlung. Ebenfalls in Berlin findet sich nahe des ehemaligen Grenzübergangs Friedrichstrasse der «Tränenpalast», eine kleine Gedenkstätte, welche die schmerzlichen Erfahrungen der innerdeutschen Grenze in Erinnerung halten sollen.

«Du sollst nicht töten» stellt eine Handlungsgrenze dar, die auf moralischen Grundüberzeugungen aufbaut. Weisungen, welche zu regeln versuchen, welchen «Zugriff» eine Führungskraft auf Menschen in der Arbeitswelt haben kann, stellen Handlungsgrenzen dar. Sie klären, was erlaubt ist und was nicht, was als legitim angesehen wird und was als Überschreitung verstanden wird. Abgabetermine stellen zeitliche Grenzen dar, nach denen Bewerbungen oder Eingaben nicht mehr berücksichtigt werden.

3.2.3 Eigenschaften von Grenzen

Die Eigenschaften von Grenzen sind dabei interessant. Sie können «dicht» sein (luftdicht, wasserdicht, informationsdicht usw.), bedingt durchlässig (einige Dinge gehen hindurch, andere nicht) oder ganz offen (wie etwa die heutigen Landesgrenzen innerhalb der Europäischen Union).

Grenzen können sich dabei überlappen, Sprachgrenzen müssen nicht auch identisch sein mit territorialen Grenzen. Es gibt Mischformen entlang der Sprachgrenzen, also Gebiete, wo beide Sprachen gesprochen werden. Von Grenzenlosigkeit spricht man, wenn die Grenzen nicht beschreibbar sind oder es keine erkennbaren Grenzen gibt. So wird etwa das Universum als grenzenlos verstanden aufgrund seiner ungeheuren Ausdehnung bzw. weil seine Grenzen nicht bekannt sind. In der Regel sind aber «entgrenzte» Phänomene kaum vorstellbar. Der Mensch denkt in Grenzen, er unterscheidet laufend.

Im Unterschied dazu ist von «fließenden Grenzen» die Rede, wenn die Grenze nicht eng definiert ist, es sich um einen Grenzbereich handelt und die Unterscheidung erst ab einem bestimmten Punkt klar getroffen werden kann. Grenzfälle sind Bereiche, die dicht an einer Grenze operieren, bei denen immer wieder nicht ganz klar ist, ob sie sich diesseits oder jenseits der Grenzen abspielen (vgl. hierzu auch den Begriff des «Grenzgangs», der mehr oder weniger direkt auf oder an der Grenze vollzogen wird).

Die Eigenschaften der Grenzfunktion sind von besonderem Interesse: Woraus besteht die Grenze selbst? Im Falle etwa der Abgrenzung von zwei Grundstücken kann das ein Zaun sein, eine Mauer und diese selbst können sehr verschiedene materielle Ausstattungen haben. Ja, es muss noch nicht einmal eine materiell erkennbare Grenzmarkierung vorhanden sein, es ist auch möglich, dass die Grenze nur auf Karten eingetragen ist oder als Übereinkunft der beteiligten Parteien gilt. Die Eigenschaften von Grenzen hängen von ihren funktionalen Aufgaben ab.

3.2.4   Funktion von Grenzen

Der oben erwähnte Limes der Römer als territoriale Grenze sollte nicht nur den Anspruch auf Land abgrenzen, also nicht nur mögliche Ansprüche von Anderen auf die Weise abwehren, dass sie nicht eindringen konnten. Vielmehr bestand andererseits die Funktion des Limes auch darin, die sozialen Ansprüche der Römer (hier gelten unsere Vorstellungen des Lebens, z. B. unsere Gesetze) zu markieren: Diesseits herrscht eine andere soziale Ordnung als jenseits.

Die Mauer der mittelalterlichen Burg soll die Angriffe mit dem Mitteln der damaligen Zeit abwehren können. Der Castorbehälter soll radioaktive Strahlung nach außen hin begrenzen können. Der Kaffeefilter soll die löslichen Stoffe des Kaffeepulvers hindurchlassen und damit das Wasser aromatisieren, die festen jedoch zurückhalten.

Die Funktionen von Grenzen ergeben sich teilweise auch durch natürliche Gegebenheiten, welche dann in Funktionalitäten umgedeutet werden. Der Jahreswechsel am 31. Dezember ist willkürlich gewählt, hängt aber mit den astronomischen Verhältnissen zusammen, in denen wir leben und welche zu verschiedenen Jahreszeiten führen (vgl. hierzu auch Volk, 1995). Einen Jahreswechsel zu haben und ihn dann zu markieren, führt im Verlaufe der Menschheitsgeschichte zu sozialen Funktionalitäten, etwa der Abgrenzung von Rechnungsjahren, welche ökonomische Bedeutung haben. Kalendarische Abgrenzungen von Tagen, Monaten usw. können funktional genutzt werden, um etwa Löhne in bestimmten Zeiteinheiten festzulegen und auszuzahlen. Sie können genutzt werden, um zu planen, d. h. Zukunft zu gestalten. Etwa rechtzeitig zu pflanzen, um möglichst gute Erträge in der Landwirtschaft zu erhalten. Vorräte anzulegen, um die Zeit zu überbrücken, bis neue Nahrungsmittel zur Verfügung stehen.

Zur wesentlichen Funktion von Grenzen gehört es, die Identität eines Systems aufrecht zu erhalten und seine Operationsweise zu garantieren. Eine biologische Zelle muss ihre Teile «zusammenhalten» können, sonst ist sie als Zelle nicht funktionsfähig. Sie muss aber auch offen genug sein, dass der notwenige Stoffaustausch stattfinden kann. Mit anderen Worten: sie muss Geschlossenheit und (teilweise) Offenheit zulassen können.

▶Grenzen fungieren als Bollwerke gegen die Kräfte der Störung. Sie schützen die Lebewesen und ihr Inneres vor den Einflüssen der äußeren Welt – der ionisierenden, zersetzenden, auflösenden, erschütternden, verbrennenden, zerstreuenden, berstenden, verrottenden, verzehrenden und zermalmenden Welt. Grenzen halten alles in Schach, was den Unterschied zwischen Wesen und Umwelt zerstören würde, sie verhindern eine universelle Homogenisierung. (Volk, 1995, S. 52; Übersetzung aus dem Englischen durch die Autoren).

In funktional ähnlicher Weise erlaubt die Haustür Schutz vor Eindringlingen, wenn sie geschlossen ist, Eintritt und Auslass, wenn sie offen ist. Die Grenze des Hauses ist die Tür, die Funktion der Tür ist die Regulation und Kontrolle von Einlass und Auslass. Und dabei muss die Tür noch nicht einmal zwingend verschließbar sein (das muss sie nur unter bestimmten Umweltbedingungen, wenn man davon ausgehen muss, dass Eindringlinge sich unerlaubt Zutritt verschaffen wollen). Eine geschlossene (nicht abgeschlossene) Bürotür signalisiert, dass der Zutritt nicht jederzeit und unaufgefordert geschehen soll. Entsprechend wird man anklopfen oder klingeln und damit Eintritt verlangen, der gestattet oder verwehrt werden kann.

3.3   Grenzarten

3.3.1   Psychologische und soziale Grenzen

Psychologische und soziale Grenzen sind weniger tangibel als räumliche (zeit-liche), sie werden jedoch dennoch faktisch. Alle Gesellschaften unterscheiden soziale Gruppen, häufig nach ihrem sozio-ökonomischen Status. Im Personal-management sind soziale Unterscheidungen nach «high potentials», «talents», Leistungsorientierten usw. üblich. Zu einer sozialen Gruppe zu gehören heißt, sich innerhalb von sozialen Grenzen zu bewegen, in eine soziale Schicht aufzusteigen, Grenzen zu überwinden (Bourdieu, 2021).

Zu den psychologischen und sozialen Grenzen zählen insbesondere auch solche des Erlebens und Verhaltens. Akteur:innen sind grundsätzlich den Bedin-gungen menschlicher Kommunikation unterworfen, bei der nie sichergestellt ist, dass man sich versteht. Was gesagt wurde ist noch lange nicht gehört, noch lange nicht verstanden und noch nicht akzeptiert. Die Grenzen des gegenseitigen Verstehens stellen eine prinzipielle Herausforderung dar.

Hinzu kommen Verhaltensgrenzen, d. h. Akteur:innen sind nur in Grenzen dazu fähig und bereit, ein erwünschtes oder gefordertes Verhalten zu zeigen. Neben den jeweils persönlichen Begrenzungen spielen dabei auch solche der Gruppendynamik und vor allem auch Machtfragen eine Rolle. Organisations- und Teamkulturen führen in ihrer Unterschiedlichkeit zu mehr oder weniger Koope-rationsbereitschaften in Projekten. Machtverhältnisse lassen Projektleiter:innen «auflaufen», in vielen Fällen, um Grenzen zu markieren oder Grenzüberschrei-tungen zu vermeiden (z. B. die Perspektive: das sind «meine» Mitarbeiter:innen, über die bestimme ich als Linie).

3.3.2   Grenzen zwischen Projekt und Regelorganisation

Ein Projekt ist hochgradig abhängig von der Regelorganisation. Ressourcen-, Budget- oder Entscheidungskompetenzen sind meistens in der Linie verortet und damit abgegrenzt. Damit kann das Projekt seine Grenze gegenüber der Regel-organisation nicht dicht machen. Sie darf aber auch nicht komplett offen sein, denn sonst kann weder Identität noch Zusammenhalt im Projektteam entstehen. Die Kunst für die Projektleiter:innen besteht darin, die Grenze zwischen Projekt und Linie so zu gestalten, dass sie funktional wird und weder das Team als Gan-zes noch die Einzelpersonen überfordert. Über die Projektgrenzen hinweg gilt es dann, die Kooperation der abgegrenzten Teile optimal zu gestalten. Vor allem in Kund:innenprojekten ist diese Arbeit noch bedeutsamer: Sie bewegen sich hier zwischen den Ordnungsstrukturen der Regelorganisation sowie derjenigen der Kund:innenorganisation.

3.3.3 Kapazitäts- und Leistungsgrenzen

Im optimalen Fall können die Kapazitäts- und Leistungsgrenzen (und damit die Ressourcen, die zur Verfügung stehen) im Projekt so definiert werden, dass die erwünschten Aufgaben oder Ziele erreicht werden können. Die Praxis zeigt, dass jedes Projekt eine Grundspannung hat.

Das Management der persönlichen Kapazitäts- und Leistungsgrenzen der Projektleiter:innen ist zusätzlichen Einflussfaktoren ausgesetzt: Je nach Auslastung einer Person (z. B. eines oder mehrere Projekte) und der aktuellen Lebenssituation (z. B. Familie mit Kindern oder alleinstehend), können Bedingungen entstehen, welche die Grenzen zwischen Mensch und Projekt neu definieren.

„You can get it, if you really want", ist ein oft zitierter Satz in der Hochleistungsgesellschaft. Der Mensch ist aber ein begrenztes Wesen. Sein Körper grenzt ihn materiell von seiner Umwelt ab. Jeder Mensch hat seine Kapazitätsgrenzen. Die meisten Menschen brauchen zwischen 6 und 9 h Schlaf. Sie brauchen Pausen und Entspannung während der Arbeitswoche und an den Wochenenden. Sportler:innen wissen, wie wichtig die Erholung nach dem Wettkampf ist. Dies gilt auch für Wissensarbeiter:innen. Sie können nicht nur Höchstleistungen erbringen; sie brauchen auch Erholungsräume. Leistungsfähigkeiten sind ebenfalls begrenzt.

Nach Remo Largo (2017) hat jeder Mensch ein in ihm angelegtes Begabungspotenzial. Der Mensch kann viel lernen. Menschen sind jedoch keine Alleskönner:innen: Die jeweils individuelle Anlage gibt die Fähigkeiten vor, die unter optimalen Lebensbedingungen verwirklicht werden können. Nach Largo ist es dem Menschen verwehrt, sich über dieses Begabungspotenzial hinaus zu entwickeln: «Die Grenzen des Begabungspotenzials bei uns selbst, den Mitmenschen und insbesondere bei den eigenen Kindern zu akzeptieren, fällt uns schwer. Dies gilt im Kleinen und Großen, in Familie und Schule genauso wie in Gesellschaft und Wirtschaft.» (2017, S. 127)

3.4   Teil und Ganzes

Bei der Diskussion von Unterscheidungen und Grenzen darf aber nicht vergessen werden, dass nicht nur die Unterscheidung Bedeutung hat, sondern auch
die Zusammensetzung, Vernetzung und Kooperation abgegrenzter Teile oder
Bereiche. Die unterscheidbaren chemischen Elemente haben je verschiedene
Eigenschaften, ihre Kombination führt zu Molekülen mit wiederum neuen Eigenschaften. Wasserstoff und Sauerstoff lassen sich zu Wasser kombinieren, einem
der Grundstoffe, die für das Leben zentral sind.

Auch im sozialen Bereich schließen sich einzelne Menschen zu Gruppen und
Organisationen zusammen, welche andere Eigenschaften sowie neue Potenziale
aufweisen als die einzelnen Elemente. Insofern rückt die Kooperation von abgegrenzten Systemen an ihren Schnittstellen in die Aufmerksamkeit. Gerade im
Bereich der Organisationsbildung hat es sich offenbar bewährt, Funktionsbereiche
abzugrenzen, die innerhalb ihrer Sphären mit begrenzter Komplexität operieren
können.

Zur Erstellung der Gesamtlösung (z. B. Herstellung eines Flugzeugs) müssen
die abgegrenzten Bereiche dann aber wieder integriert werden. Hier taucht das
bekannte «Schnittstellenproblem» auf, d. h. an den Grenzen der Funktionslogiken
müssen Brücken oder Übergänge gebaut werden. Heute findet das typischerweise
und in besonderem Maß an der Schnittstelle zwischen Business und Informati-
onstechnologie statt. Die Anforderungen oder Wünsche der einen Seite müssen in
die Funktionslogik, Sprache und Prozesse der anderen «übersetzt» werden. Wie
noch zu zeigen sein wird, entstehen hier insbesondere für das Projektmanagement
Herausforderungen, die sich aus den verschiedenen Bereichslogiken ergeben.

3.5   Grenzgänge und Grenzräume

Grenzräume sind Übergangsräume (Winnicott, 2019). Dort bewegt man sich
dazwischen, vom «nicht mehr» zum «noch nicht». Das ärztliche Wartezim-
mer stellt einen Übergangsraum vom Alltag zur eigentlichen Behandlung dar.
Der Aufwachraum, in den man nach einer Operation gebracht wird, ist der
Übergangsraum vom Operationssaal zur Bettenstation. Die Pubertät stellt die
Übergangsentwicklung vom Kind zum erwachsenen Menschen dar. Überall dort,
wo Zeit bzw. Zeiträume bei Übergängen eine Rolle spielen, also überall dort, wo
Übergänge nicht abrupt auftreten, finden sich Übergangsräume.

Die Grenzthematik ist in unserem Zusammenhang deshalb interessant und
wichtig, weil Menschen immer wieder an Grenzen operieren oder über Grenzen

hinaus gehen. In diesen Grenzbereichen ist das Risiko der Überbelastung und Schädigung besonders hoch, hier liegt aber auch prinzipiell ein Weiterentwicklungspotenzial. Das gilt für physische Belastungen und den Spitzensport genauso wie für hohe mentale oder soziale Belastungen.

Unter hohem Druck und hohen Belastungen besteht ein zweites Risiko: Soziale Grenzen werden überschritten, Kommunikation wird tendenziell gewaltsam oder übergriffig, Menschen werden abgewertet.

Grenzgänge haben insofern eine Bedeutung, als dass bei ihnen die Grenzen «getestet» werden. So kann es vorkommen, dass eine neue Führungskraft von den Mitarbeiter:innen stark gefordert wird, weil diese sehen wollen, wo die Grenzen gesteckt werden. Das lässt sich nur ermitteln, wenn Grenzen, die bislang nicht oder nur unzureichend bekannt sind, im Verlaufe des Testverfahrens überschritten werden, die Reaktion auf eine Grenzverletzung dann signalisiert wird und durch diese Feedbacks die Grenzverläufe abgesteckt werden.

3.6 Zusammenfassung

Spannungsfelder in der Arbeitswelt entstehen, wenn Stakeholder gegenseitig Erwartungen aneinander richten, die nicht vereinbar sind oder als nicht vereinbar wahrgenommen werden. Je stärker die Diskrepanzen sind, desto stärker ist das Spannungsfeld.

Spannungsfelder können entstehen zwischen dem Projekt und seinen Anspruchsgruppen. Projektleiter:innen sind aber auch persönlichen Spannungsfelder ausgesetzt, einerseits in Bezug auf das Projekt und dessen Stakeholder, andererseits in Bezug auf Privatleben und die Ansprüche an sich selbst.

Spannungsfelder können durch Grenzmanagement reguliert werden. Eine wesentliche Funktion von Grenzen besteht darin, die Identität eines Systems aufrecht zu erhalten und sicherzustellen, dass dieses funktionsfähig bleibt.

So wie ein Projekt keine Insel ist, ist auch der Mensch als soziales System mit komplett abgeschotteten Grenzen nicht überlebensfähig. Sie sind „Teil und Ganzes". Die Kunst des Grenzmanagements in der Organisationsbildung liegt darin, sinnvolle Abgrenzungen zu machen, damit Teilsysteme in begrenzter Komplexität gut operieren können. So werden Projekte unterteilt in Teilprojekte und Arbeitspakete. Oder im agilen Projekt wird die Projektlaufzeit abgegrenzt in einzelne Sprints. Projekte als Ganzes werden wiederum abgegrenzt von der Regelorganisation. Und Projektleiter:innen grenzen ihre professionellen Aufgabe ab von

Praxishinweise zur Regulierung von Spannungsfeldern

4

Welche Kompetenzen wurden aus Sicht der Praxis entwickelt, um Spannungsfelder zu regulieren? Im folgenden Kapitel stellen wir dar, wie die Praxis selbst mit den verschiedenen Grenz- und Spannungsthematiken umgeht. Wir haben diese Praxishinweise in folgende drei grundsätzliche Strategien unterteilt: Grenzen setzen und schützen, Grenzen öffnen und Grenzen versetzen.

4.1 Grenzen setzen und schützen

Der Umgang mit Grenzen war ein wichtiges Thema für unsere Interviewpartner:innen. Voraussetzung dafür, sich selbst Grenzen zu setzen, ist jedoch eine Sensibilität und ein Bewusstsein dafür, dass das Arbeitsverhalten akut oder auf Sicht schädigend ist. Das beginnt damit, „sich zu wehren anzufangen, sich selbst zu schützen", was für (J 36:96) eine neue Erfahrung war.

4.1.1 Selbstmanagement

Maßnahmen sind dann beispielsweise push-Nachrichten auf dem Handy abzustellen (Informations- und Erreichbarkeitsgrenzen) (HW 27:54), Verantwortung abzugeben, etwa sich aus der Geschäftsleitung zu verabschieden (Verantwortungsgrenzen) (JM 36:62), eine strikte Trennung von Geschäft und Privatleben, den Laptop nicht mit nach Hause nehmen und sich am Wochenende auf Dinge außerhalb des Beruflichen zu konzentrieren (Sphärengrenzen Beruf und Privat) (RM 41:70). Technische Hilfsmittel können geeignet sein, um sich selbst Hürden

M. Zirkler und C. Bachmann, *Produktiver Umgang mit Spannungsfeldern und Grenzen in der Projektarbeit*, essentials, https://doi.org/10.1007/978-3-662-68316-3_4

aufzuerlegen: „ich habe eine App, wenn ich eine Geschäfts-E-Mail aufmachen muss geht das nicht automatisch, sondern ich muss zuerst die App aktivieren" (SW 58:28).

Eigene Grenzen können zeitlich gesetzt werden, indem man versucht, der Fragmentierung im Alltag entgegenzuwirken. (PM 55:39) beispielsweise versucht jeweils zwei Tage für ein Projekt zu reservieren, damit er sich darauf konzentrieren kann, „zwei Tage oder mindestens einen Tag blockieren und dann konzentriere ich mich auf ein Projekt". Die Projektleitung kann sich, wenn sie in einer Führungsrolle ist, durchaus abgrenzen und sagen „ich brauche jetzt einfach wieder mal einen Tag Ruhe, schaut doch, dass ihr es im Team gut hinbekommt" (SW 58:96).

Einfachere Techniken der Grenzziehung bestehen darin, Pausen einzulegen, in denen sich Dinge neu sortieren können, indem man bei verhakten Situationen einige Tage oder auch mal eine Woche Abstand gewinnt. Anschließend und mit neuem Anlauf kann man wieder ruhiger und entspannter am Projekt weiterarbeiten (IW 27:11).

Einigen Projektleitungen gelingt, was viele nicht gut hinbekommen: sich trotz hoher Belastungen zeitlich abzugrenzen und keine hohe Zahl an Überstunden anzuhäufen (BW 63:92).

4.1.2   Erwartungen klären

Eine Form der Grenzziehung besteht darin, Klarheit über die (eigenen) Bedingungen zu schaffen, so hat (JM 36:74) begonnen „im Geschäft Bedingungen zu stellen, unter denen ich überhaupt weitermachen kann". In ähnlicher Weise geht (SW 58:52) vor, wenn er „bei Verhandlungen mit der Geschäftsleitung klar formuliert, das brauche ich und dort gibt es eventuell Spielraum".

Ich bin der Typ, der versucht, es allen recht zu machen. Aber es ist einfach auch wichtig, sich mal abzugrenzen und zu sagen, ne das geht jetzt einfach nicht. Und wirklich dann auch mal klare Linie dann zeigen. Und dann muss irgendwas dann mal auf der Strecke bleiben. Weil ansonsten, wenn man auf Dauer versucht die ganze Zeit alles immer irgendwie wieder auf Biegen und Brechen hinzubekommen, dann kommt man auch nicht weiter. Weil dann macht man sich selber kaputt auf Dauer. Das geht mal, [aber] nicht auf Dauer. (FM 30:38)

4.1.3 Konfliktbereitschaft

Dem Bereich der Grenzsetzung zuordnen kann man auch die klare Kommunikation von Erwartungen: „Gerade, weil ich oft mit Fachleuten zu tun habe einfach mal sagen, ich erwarte das jetzt von dir" (JM 36:116). In einer erweiterten Fassung gilt es auch „stark genug zu sein und zu sagen, Stopp, fertig. Ich stelle jetzt ein paar Regeln auf" (KM 35:90). Im Notfall muss man darauf bestehen, dass Leute ausgetauscht werden, die die Verantwortung für ihren Job nicht übernehmen können. Für Menschen, die zur Konfliktvermeidung tendieren ist es oft schwierig, Grenzen zu setzen: „ich bin nicht wirklich gut darin anderen Leuten auf die Füße stehen, auch wenn ich sollte" (GM 38:83). Hier öffnet sich ein wichtiges Lernfeld zwischen Akzeptieren und Konfrontieren:

> Ich versuche, Konflikte zu vermeiden. Und das ist ja nicht immer die richtige Strategie. Und das zehrt auch an den eigenen Kräften, Konflikte zu vermeiden. Manchmal muss man einen Konflikt austragen und nachher ist es besser. Ich versuche ihn zu vermeiden. Es gibt diesen erlösenden Effekt nicht, also diesen Stressabbau-Moment gibt es nicht. Es ist nicht zur Explosion gekommen, aber bleibt trotzdem warm und feucht. (GM 38:85)

4.1.4 Abgrenzung zum Vorgesetzten und Delegation

Abgrenzungen gegenüber Vorgesetzten sind manchmal notwendig, wie es (EM 40:42) berichtet, der direkt zu einer Produktionseinheit der Firma fährt, obwohl der Chef es nicht gerne sieht: „und dann habe ich auch schon gegen meinen Chef entschieden, habe mich über ihn hinweggesetzt". Er versteht sein Vorgehen im Sinne der Autonomie als „Wege, die ich mir selbst gestellt habe" und erlebt es als befriedigend, wenn es funktioniert, „nicht, weil ich meinen eigenen Weg unbedingt gehen will, aber ich habe schon eine Vision und ein Ziel".

Es ist ein gemeinsames Lernen im Team, dass die Projektleitung nicht immer und überall dabei sein muss. Die Leitung muss „loslassen" können, das Projektteam lernen, Verantwortung zu übernehmen (AW 49:66).

4.1.5 Umgang mit Grenzen der Mitmenschen

Andere Varianten der Grenzsetzung bestehen darin, Projektmitarbeiter:innen auszutauschen, wenn diese erkennbar überfordert sind oder das Projektteam neu

zusammenzustellen (RM 41:64). Und am Ende auch mutig den Auftragge-
ber:innen gegenüber Grenzen aufzuzeigen, indem etwa zeitliche Verzögerungen
klar kommuniziert werden.
Wenn die Grenzen deutlich überschritten werden, wenn die Verhältnisse
„eindeutig" sind, ist es offenbar möglich, anderen gegenüber klar Grenzen zu
setzen:

> Da mussten wir Reißleine ziehen. An einer Person hing das Meiste fachlich, 200
> Überstunden, 18 Stunden pro Tag. Da hab' ich dann gesagt, nein: Mein Ziel ist es,
> das Projekt durchzubringen. Aber ich bin nicht bereit, eine Aufgabe mehr an sie zu
> verteilen, wenn wir das nicht schaffen. Dann haben wir eine Person angestellt für
> drei Monate, die ihr Arbeit abnimmt. Dann haben wir Ihre Arbeit an andere Leute
> in anderen Bereichen verteilt und die mal kurz einmal durchgeschult, damit sie das
> daily business abgeben kann. Ich habe gesagt: Ich bin nicht bereit, diese Frau in ein
> Burnout zu treiben, nur wegen einem Projekt. Und da haben wir wirklich gemerkt,
> das machen wir nicht. Und da bin ich auch wirklich hoch rauf zu ihrer Linienvorge-
> setzten, die eben auch Auftraggeberin ist, bin ich hin und hab gesagt: Nein, das geht
> nicht. (HW 27:62)

4.2 Grenzen öffnen

Im Umgang mit den persönlichen Spannungsfeldern erfahren sich unsere Inter-
viewpartner:innen auch oft in Situationen, in denen es gilt, die Grenzen zu öffnen,
sei dies nach aussen in Form der Beziehungsstärkung und Kommunikation oder
auch nach innen. Folgende Kompetenzen haben sie dafür entwickelt.

4.2.1 Positive Kommunikationskultur

Im Arbeitsumfeld hilft es, eine positive Kommunikationskultur zu pflegen. (EM
40:64) ruft bei Schwierigkeiten erstmal an, bevor er eine Mail schreibt, wenn
er mitteilen will „das passt mir jetzt gar nicht". Zunächst wird auf diese Weise
„Dampf" abgelassen, anschließend kann man „die Mails sachlicher verfassen".
Das macht er auch mit Kund:innen so, „und es kommt gleich anders rüber".
    Gute soziale Beziehungen spielen auch innerhalb der Organisation oder des
Teams eine wichtige Rolle. Dazu gehört es insbesondere „Verantwortung zu
delegieren, Vertrauen zu haben" (JM 36:100), auch wenn die Kontrolle nicht

vollständig abgegeben werden kann, „Kontrolle kannst du nie delegieren" (JM 36:100).

Außerdem helfen eine positive Gesprächs- und Austauschkultur im Team, „dass man darüber sprechen kann und sagen kann, ich verstehe dich, suchen wir gemeinsam nach einer Lösung (QM 60:74). Zu wissen, man hat „das Team im Rücken" (SW 58:62), „ich bin nicht alleine, wenn ich etwas umsetzen muss" stärkt.

Auch der Austausch mit Kolleg:innen kann helfen „beim Kaffee" die Frage zu diskutieren, wie man sich besser abgrenzen kann. Interessanterweise sieht man bei anderen das Problem der Abgrenzung deutlicher als bei sich selbst (EM 40:56). Der „Küchentischchat in der Firma" dient (GM 38:75) dazu berufliche Themen zu „verdauen" und von anderen zu hören, wie es ihnen geht.

Gelegentlich ist es hilfreich, „den Hut als Projektleiter abzuziehen" (QM 60:68) und einem Projektteammitglied nur mal zuzuhören. Dies wird als „Beziehungsarbeit" verstanden. Man geht ein Glas Wein trinken oder nimmt zusammen ein Bier und tauscht sich informell aus, z. B. auch über Einschätzungen zum Auftraggeber, der (im Beispiel) „ihm das Leben schwer macht".

Grenzen werden auch insofern erweitert, als in einer guten Teamkultur Hilfsbereitschaft und Solidarität herrschen. Dann ist es möglich zu sagen: „ich bin am Anschlag, ich schaffe das jetzt gerade nicht, wer hat Kapazität und kann helfen", wie es (AW 49:32) erlebt. Eine gute Teamkultur führt dazu, dass man Engpässe oder Schwächen zugeben kann, „dass man sich nicht permanent beweisen muss, dass man alles stemmen kann" (AW 49:36).

In der Projektleitungsrolle ist es wichtig gleichsam an den Grenzen der anderen Beteiligten vorsichtig „anzuklopfen", indem man aktiv danach fragt, wie es den anderen geht. Es müsse aber die Grenze des Anderen akzeptiert werden, wenn er oder sie sagt: „ich möchte nicht darüber reden, mir geht es heute nicht gut" (HW 27:78). Eine solche Beziehungsgestaltung verweist auch auf einen achtsamen Umgang miteinander sowie auf eine entsprechende Kultur im Projektteam, die sie ermöglichen müsste.

Teilweise werden auch Austauschformate (selbst) organisiert, bei denen man sich außerhalb des Projektteams trifft. Es sei zwar keine «Selbsthilfegruppe», wie (RM 41:68) sagt, «aber so ein Austausch in Bezug auf schwierige Abläufe oder wie gehst du mit dem und dem Thema um». Der Austausch mit Peers im Rahmen einer Weiterbildung ist eine willkommene Gelegenheit, mit anderen Projektleitungspersonen Themen zu reflektieren, die in ähnlichen Situationen stecken (KM 35:118).

4.2.2 Erfolge feiern und Wertschätzung

Im Folgenden noch ein Beispiel für gute Team- und Kommunikationskultur. Man erlebt die gemeisterten Herausforderungen als gemeinsamen Erfolg, es „menschelt" zwischendurch, aber das führt nicht zu nachhaltigen Beziehungsbeschädigungen. Es gibt Räume, sich „Luft zu machen":

> In Bern haben wir ein Projekt realisiert, das eigentlich nicht machbar gewesen ist. (...) Und da hat es extreme Spannungsfelder gegeben, weil wir einfach wie nicht gewusst haben, was kommt effektiv. (...) Wir sind eine extrem hierarchieflache Firma. Wir sind per du alle. Wir sind sehr direkt alle. Da menschelt es natürlich extrem. (...) Aber wenn es so in Richtung Umsetzung geht und wenn die Leute eigentlich draußen in Bern das Zeug irgendwie probieren aufzubauen und wir sind einfach alle völlig übermüdet und arbeiten jeden Tag vierzehn Stunden, dann menschelt es natürlich auf eine andere Art. Dann ist ein wenig ein anderer Umgangston. Aber das ist auch normal. Am Schluss stehen wir dann ja eh alle da und finden, cool, dass wir es geschafft haben. Nur der Weg dahin ist manchmal schwierig. Manchmal muss man sich wie so ein wenig Luft machen. Und ich glaub, der Raum muss unbedingt da sein, dass man das kann. Sonst würde es glaub nicht gut kommen. (IW 27:17).

Auch sollte nicht vergessen werden, „kleine Erfolge" zu feiern, Teilstrecken abzuschließen, „dann kann man es vergessen und sich auf die anderen Sachen konzentrieren" (RM 41:32). Die Abschlüsse von Projekten zu feiern, zeigt Wertschätzung für die Beteiligten und ist für (IW 27:37) sehr wichtig:

> Einfach zusammen ein Bier trinken am Abend, das der Projektleiter offeriert und sagt, jetzt stoßen wir noch schnell an. Und man steht gemeinsam da und kann zusammen anstoßen und sagen, hey, wie cool. Jetzt haben wir es alle geschafft. Und dann haben wir Feierabend, es war megastressig, aber danke vielmal. Es braucht wirklich nur sehr wenig. Und das ist etwas, was ich probiere zu pflegen. Weil es mir selber auch extrem viel gibt. Also, nicht nur die Wertschätzung, sondern auch, dass ich sie meinem Team geben kann, das mit mir zusammenarbeitet (IW 27:37).

Eine grundsätzlich positive Haltung an den Tag zu legen ist für (SW 58:54) wichtig, dem Team zu vermitteln „die machen einen super Job, jeder gibt sein Bestes, zusammen kriegen wir das hin, und das selber auch zu glauben".

4.2.3 Beziehung zum Vorgesetzten

Sehr selten, aber doch wird auch das Verhältnis zum bzw. zur Vorgesetzten thematisiert (AW 49:38). Eine vertrauensvolle Beziehung erlaubt es, dass einerseits

Leistung eingefordert wird, andererseits aber auch Überforderungen thematisiert werden können. Einigen ist es zunächst «peinlich» das Gespräch mit dem Chef zu suchen und um Rat zu bitten (HW 27:58). Gleichzeitig wird aber auch erkannt, dass es eine wichtig «Vorsorge» sein kann, das zu tun, wenn man «in der Sackgasse» steckt und damit es «nicht hintenrum explodiert».

4.2.4 Kommunikation mit dem Kunden

Die Grenzkommunikation kann sogar bis hin zum Kunden reichen:

> Wir müssen auch zum Kunde gehen und ihm sagen, wir haben ein Chaos, das hört kein Kunde gerne, aber dann kannst du sagen, wir brauchen drei Monate mehr Zeit und wenn du Glück hast, hat er sogar noch Verständnis und wenn nicht, kommt es ja auf dasselbe heraus. Aber du selber änderst deinen Mindset. (KM 35:90).

4.2.5 Achtsamkeit und Körperbewusstsein

Einige Projektleiter:innen beschreiben, wie sie mit der Zeit ein besseres Körperbewusstsein entwickelt haben, welches ihnen als Signalgeber mit Blick auf Belastung, Stress und Erholung dient:

> Es manifestiert sich bei mir und eigentlich bei jedem. Man muss es nur spüren können. Und ich spüre es. Wenn ich Verspannungen habe im Hals-, Nackenbereich, Schulterbereich oder Bauch, dann weiß ich, oh, jetzt spüre ich ganz klar, dass ich Verspannungen habe. Das ist für mich klar. Also, deswegen kenne ich mich, sodass ich weiß, was ich zu tun habe. (DM 43:38)

Es wird auch klar gesagt, dass die Entwicklung eines verbesserten Körperbewusstseins und damit eine wichtige Informationsquelle trainiert werden kann (und muss). Ähnlich wird das von (RM 41:16) beschrieben: «Achtsamkeit ist etwas, was ich neu wieder lernen musste». Insbesondere die pandemiebedingten strengen Homeoffice-Zeit führte zu «system overload» mit langen Arbeitstagen und vielen Onlinemeetings, kaum persönlichem Austausch. Diese Situation wurde wieder verbessert mit regelmäßigen Austauschtreffen vor Ort im Büro.

Für (DM 43:40) geht es darum «mehr Achtsamkeit im täglichen Leben» zu entwickeln. Dies wird über die Natur, durch Sport, aber insbesondere durch bewusstes Atmen realisiert. Ein weiterer interessanter Ansatz besteht darin, die Intuition einzubeziehen:

> Ich mache das mit dem Bauch. Ich mache das nicht mit dem Kopf. Ich bin zwar glaube ich schon relativ intelligent, aber ganz ehrlich, meine Entscheidungen fallen im Bauch. Es gibt Situationen, wo ich vorher im Bauch weiß, was sein soll. Und dann muss ich mir noch irgendeine Begründung suchen. Wenn ich ganz ehrlich bin. Ich bin auch überzeugt, dass mir das hilft bei dieser Navigation durch die Dinge durch. Wenn du immer alles mit dem Kopf machen willst, dann wirst du ja nicht mehr fertig. (BW 63:51).

4.2.6 Professionelle Hilfe

In vielen Fällen ist es hilfreich Sparringspartner:innen zu suchen, Personen mit Erfahrung, mit denen man über die eigenen Erfahrungen und Herausforderungen sprechen kann. Man solle, so berichtet es (HW 27:78) «sich nicht zu schade dazu sein, nach Feedback zu fragen» bzw. «sich nicht zu schämen, auch prophylaktisch um Hilfe zu fragen». Es wird auch vorgeschlagen in anspruchsvollen Situationen Moderator:innen oder Mediator:innen ins Spiel zu bringen, um wieder zu mehr Sachlichkeit zu gelangen.

Wenn die eigenen Mittel ausgeschöpft sind, kann es an der Zeit sein, sich «professionelle Hilfe» zu holen und «Stressmanagement» mit eine:r Psycholog:in zu machen (JM 36:78). Es wird berichtet, dass (JM 36:78) dort viel gelernt habe und das Thema «Loslassen» bearbeitet wurde. Dies mündete in ein Gespräch mit dem Chef und in eine längere Auszeit (Grenzmarkierung, Grenzmanagement). Tägliche Gespräche mit einem Coach für zehn Minuten am Morgen halfen (KM 35:96) dabei, den Tag besser zu gestalten. Das führt nach seinem Bericht zu mehr innerer Ruhe und auch dazu, dass er am Abend besser abschalten kann.

(FM 30:38) berichtet über Einzelgespräche mit einer Psychologin im Rahmen von Führungsworkshops, um sein Thema «es allen recht zu machen» zu reflektieren.

4.3   Grenzen versetzen

Grenzen versetzen bildet den dritten Strategiebereich. Im Umgang mit Spannungsfeldern sind die Handlungsmöglichkeiten nach aussen oft auch beschränkt. Nicht immer kann durch die Interaktion mit den Bezugspersonen ein Spannungsfeld reguliert werden, vorauf die Mehrzahl der oben aufgeführten Kompetenzen zielt. Unserer Interviewpartner:innen haben auch wichtige Kompetenzen entwickelt, um die eigenen Bewertungsgrenzen und damit auch den Anspruch an sich selbst und an sein Umfeld zu verändern.

4.3.1   Selbstreflexion

In den Interviews wird an mehreren Stellen beschrieben, wie wichtig die Reflexion des Alltags ist, Distanz zum Geschehen aufzubauen und eine erweiterte Sicht der Dinge zu erhalten. Reflexion kann dabei auf sehr verschiedene Weise angelegt werden.

Für die Reflexion braucht es Räume, insbesondere zur Klärung der Frage, welche persönliche Verantwortung man trägt und was den Umständen zuzuschreiben ist (QM 60:48). Gerade, wenn es „persönlich" wird, ist es wichtig Abstand zu gewinnen, „einen Schritt zurückgehen zu können".

Im Zusammenhang mit Reflexion ist es für (FM 30:38) hilfreich, „sich die Dinge zu notieren" und sich zu fragen „was sind die Punkte, die jetzt eigentlich anzugehen sind". Dies führt immer wieder zu Priorisierungsüberlegungen, „auch mal was hintenanzustellen" und festzustellen „es geht jetzt einfach im Moment nicht". (HW 27:44) berichtet von einer Technik, „eine halbe Stunde über den Tag nachzudenken". Das wird mithilfe des Handys gemacht, dort schreibt er Dinge auf, „um den Kopf zu leeren". Es werden dort auch To-Do-Listen geführt, „das ist dann morgen ein Problem, aber es soll mich jetzt nicht mehr tangieren".

Weitere Hilfsmittel kommen gelegentlich zum Einsatz. (HW 27:50) hat sich „Karten für die Selbsterkenntnis" gekauft. Mit denen wird sich „bewusst fünf Minuten Zeit" genommen, um zu reflektieren.

Mit der zunehmenden Erfahrung kommt auch die Fähigkeit, Distanz zum Geschehen zu entwickeln, weil man weiß, „dass diese Phase irgendwann zu Ende geht" (CM 36:45). Wissen darüber, dass „Licht am Horizont" ist, die „arbeitsintensiven Phasen bald zu Ende sind" (CM 36:83) bringt eine gewisse Erleichterung für die gegenwärtige Situation. Man solle sich „nicht immer ganz ernst nehmen", sagt (QM 60:34), „letzten Endes habe ich noch alles überlebt". Er plädiert dafür

„auch einmal etwas stehen lassen zu können" und zu wissen „morgen ist es wieder anders".

4.3.2 Gelassenheit

Grundsätzliche Einstellungen oder Haltungen können dabei helfen, die anspruchs-volle Tätigkeit der Projektleitung nachhaltig ausüben zu können. Ein Interview-partner spricht davon, man müsse das «Gen» für die Projektleitungsrolle haben, man müsse es vom Charakter her spannend finden und es als Herausforderun-gen, denn als Belastung sehen (RM 41:10). Dieser Hinweis spricht dafür, vor der Übernahme einer Projektleitungsrolle das persönliche Profil genau zu prüfen.

An mehreren Stellen in den Interviews ist auch davon die Rede, Gelassenheit zu entwickeln, «die Kirche im Dorf zu lassen» (SW 58:38). Gelassenheit hilft nicht nur der Projektleitung selbst, sondern vermittelt auch dem Team «Stabili-tät und Zuversicht, dass wir es gut gelöst bekommen» (SW 58:38). Gelassenheit kann sich jedoch erst im Laufe der Zeit und mit Erfahrung einstellen bzw. her-stellen lassen. Dabei scheint zumindest in einem Fall die Haltung hilfreich zu sein, sich selbst nicht zu wichtig zu nehmen:

> Du musst auch sehen, du bist ein ganz kleiner Knecht in einem ganz großen Univer-sum, nichts ist wirklich wichtig. Das klingt jetzt alles sehr negativ, aber Sie wissen auf was ich hinauswill. Man muss auch mal sagen, weißt du was, okay, ja, jetzt geht das Projekt vielleicht einmal in die Hose, es bringt nichts, wenn ich mich daran kaputt mache und das gibt einem wieder Kraft, die Gelassenheit gibt einem nach-her wieder Kraft zu sagen, ja jetzt machen wir das Beste draus und so kann man die Abwärtsspirale wieder etwas durchbrechen. (JM 36:110)

Für (SW 58:38) hat sich die Einstellung bewährt zu wissen, „die Welt geht nicht unter", was auch (IW 27:45) so sieht, (DM 43:30) sagt, „keiner stirbt, am Ende vom Tag sind wir eine Bank", (GM 38:35) akzeptiert, dass man sich nicht von Dingen stressen lassen muss, die nicht möglich sind.

4.3.3 Lösungsorientierung

Eine andere Strategie besteht darin, die eigenen Lösungsvorstellungen nicht auf Biegen und Brechen durchzusetzen, was häufig einen großen Überzeugungs-und Arbeitsaufwand bedeutet. Eine kluge Vorgehensweise besteht darin, den Kund:innen die eigenen Lösungsideen durchaus aufzuzeigen, wenn diese aber ihre eigenen Vorstellungen realisiert sehen wollen, diesen auch zu folgen, anstatt einen Machtkampf zu inszenieren oder sich zurückzuziehen (QM 60:96).

4.4 Zusammenfassung

Unsere Interviewpartner:innen haben vielfältige Kompetenzen entwickelt in Bezug auf ihr persönliches Grenzmanagement wie auch dasjenige vom jeweiligen Projekt. Wo die konkreten Techniken quasi als „Vorlagen" vergleichsweise einfach Nachahmung finden und in die eigene Praxis versuchsweise überführt werden können, stellt sich die Frage, wie man zu grundlegenden Veränderungen der Einstellungen und Haltungen gelangen kann. Auch die Fähigkeit mutig Grenzen zu erkennen, zu kommunizieren und Grenzen (neu) zu setzen lässt sich vermutlich nicht einfach erlernen.

Es lässt sich erkennen, dass Reflexion, Austausch, die Herstellung und Pflege guter (privater wie beruflicher) Beziehungen – und damit die Grenzen zu öffnen – einen sehr hohen Stellenwert für die Aufrechterhaltung der persönlichen Leistungsfähigkeit haben. Sehr deutlich wird auch, dass die Vergemeinschaftung von Herausforderungen sehr entlastend wirkt. Oder anders gesagt: Vereinsamung macht potenziell krank. Der Austausch mit anderen, sei es auf der peer-Ebene, sei es mit Vorgesetzten, sei es in der Familie oder mit professionellen Coaches oder Berater:innen ist ein wichtiges Mittel, um aus der riskanten «Abwärtsspirale» herauszukommen bzw. erst gar nicht in diese hineinzugeraten.

Grenzmanagement bleibt ein anspruchsvolles Thema. Viele Projektleiter:innen unternehmen verschiedene Versuche je nach Situation sich besser abzugrenzen, Grenzen zu öffnen oder zu versetzen. Es bleibt jedoch eine ambivalente Angelegenheit zwischen Verantwortungsgefühl, Professionsverständnis und (jedenfalls temporär) Erleben von Überforderung sowie Angst vor langfristiger Schädigung.

Überraschend ist, dass sehr selten professionelle Hilfe in Anspruch genommen wird, von Ärzten oder anderem Gesundheitspersonal ist nicht die Rede. Das überrascht auch deshalb, weil man erwarten würde, dass zu einem professionellen Umgang in einem Beruf mit hohem Dauerbelastungsrisiko der Einbezug von Fachpersonen viel häufiger der Fall wäre. Und es überrascht auch, weil von konkreten Beschwerden berichtet wird, wie etwa Schlafprobleme und Schlafstörungen.

Ohne größere eigene Transformationsprojekte und ohne professionelle Hilfe scheint es kaum vorstellbar zu sein, solche gefährdenden Symptomatiken selbständig behandeln zu können. Die Reflexion der eigenen Bewertungsmuster und damit auch die Bereitschaft, bestehende persönliche Bewertungsgrenzen zu versetzen und damit den Anspruch an sich selbst wie an sein Umfeld zu verändern, komplettiert die Kompetenzen zum Grenzmanagement. Fraglich ist auch, ob unter den häufig sehr angespannten Arbeitsbedingungen ausreichend Zeit und Raum zur Verfügung stehen kann, um entsprechende Transformationen für sich zu organisieren.

Handlungsempfehlungen zur Regulierung von Spannungsfeldern

5

Nachfolgend werden die Kompetenzbereiche der Praxis, welche wir im Kap. 4 erörtert haben durch spezifische Handlungsempfehlungen und Theorien ergänzt. Diese sind mit Beispielen illustriert und sind wiederum unterteilt in die drei Strategien Grenzen setzen und schützen, öffnen und versetzen. Die Voraussetzung für jede Art von Grenzmanagement bildet für uns die Selbstbestimmung, womit dieses Kapitel startet.

5.1 Selbstbestimmung – Interdependenz

Seine eigenen Grenzen zu erkennen und über die unterschiedlichen Strategien des Grenzmanagements zu regulieren, setzt einen hohen Grad an Selbstverantwortung und Selbstbestimmung voraus. Nach der Dependenztheorie ist Selbstbestimmung nur möglich, wenn der Menschen zu seinen Bezugspersonen im Sozialbezug der Interdependenz stehen (Schwarz, 2001). In der Interdependenz sind sich die Menschen ihrer persönlichen Grenzen bewusst und wissen, dass sie die Verantwortung dafür nicht jemand anderem delegieren können. Sie wissen aber auch um ihre Mitverantwortung zu den Mitmenschen und gestalten ihr Grenzmanagement primär aus dieser kollektiven Mitverantwortung.

Der Weg in die Interdependenz führt von der Dependenz über die Konterdependenz: In der Dependenz lebt der Mensch den „Vorauseilenden Gehorsam". Die Erwartungen und Forderungen, die eine Bezugsperson an ihn stellt, werden bedingungslos erfüllt. In der Konterdependenz werden die Grenzen definiert durch Negation: Das „Nein" hat in dieser Phase keinen eigenen Inhalt. Vielmehr geht es darum, sich vom Willen der Bezugsperson abzugrenzen: „Negation ist

© Der/die Autor(en), exklusiv lizenziert an Springer-Verlag GmbH, DE, ein Teil von Springer Nature 2023
M. Zirkler und C. Bachmann, *Produktiver Umgang mit Spannungsfeldern und Grenzen in der Projektarbeit*, essentials,
https://doi.org/10.1007/978-3-662-68316-3_5

Voraussetzung dafür, dass der eigene Wille als eigener, nicht als fremder Wille erlebt wird." (Schwarz, 2001, S. 109).

Beispiel

Projektleiter:innen, die bewusst oder unbewusst in einer Dependenz stehen gegenüber ihren Entscheidungsträger:innen, laufen Gefahr, ihr Grenzmanagement zu vernachlässigen, um die an sie gestellten Erwartungen und Ziele bedingungslos zu erreichen.

In der Konterdependenz stellen sich die Projektverantwortlichen nicht gegen den spezifischen Inhalt der Erwartung. Vielmehr geht es darum, sich durch ein „Nein" vom Willen der oder des Interaktionspartners bzw. der Interaktionspartnerin abzugrenzen.

Menschen in der Interdependenz wissen um ihre gegenseitige Abhängigkeit. Sie verfügen aber über eine eigene Identität, die ihnen Beziehung und Kommunikation zu ihren Mitmenschen auf Augenhöhe ermöglicht. In der Interdependenz können Projektleiter:innen mit Kund:innen oder Bezugspersonen selbstverantwortlich die angemessenen Strategien des Grenzmanagements nutzen.

Dabei gibt es Entscheidungsträger:innen, die die Grenzen von Projektleiter:innen nicht respektieren. Wer sich zu seinen Mitmenschen im Sozialbezug der Interdependenz befindet, kann eine Grenze setzen bis zu der sich die Person noch für eine gemeinsame Lösung einsetzt mit den unterschiedlichen Strategien des Grenzmanagements. Ihre Selbstbestimmung und Selbstverantwortung erlaubt ihr aber auch, sich aus einer „toxischen Beziehungen" zu lösen oder sich davor zu schützen, sei das durch eine Kündigung des Auftragsverhältnisses, des Arbeitsverhältnisses oder auch durch den Beizug eines Rechtsvertreters.◄

5.2   Grenzen setzen und schützen

Folgende Ansätze unterstützen die Praxishinweise zum Setzen und Schützen von Grenzen, die wir unter Abschn. 4.1 aufgeführt haben. Manchmal durch Nein- oder Ja, aber Sagen, Verhandeln, Konflikte austragen oder Verantwortlichkeiten klären. Abschließend wird der Umgang mit den Grenzen der Mitmenschen erörtert.

5.2.1 Nein und Ja, aber

Menschen suchen in der Regel nach Anschluss und Anerkennung. Ein Ja fällt viel leichter als ein Nein. Hinter einem Nein steckt oft auch eine Angst (Hatch & Breitman, 2001):

- Angst, nicht mehr gemocht zu werden
- Angst vor den Konsequenzen
- Angst, nicht loyal zu sein oder egoistisch zu wirken
- Angst, etwas zu versäumen

Ein Nein lässt sich aber auch ganz anders konnotieren: Ein Nein zu einem anderen Menschen bedeutet ein Ja für sich selbst, für die persönliche Energiebilanz oder auch für die anderen Aufgaben und Rollen, zu denen man sich schon verpflichtet hat.

So wichtig und richtig ein Ja immer wieder ist, manchmal braucht es auch ein Nein um Grenzen zu setzten oder aufzuzeigen. Hilfreiche Strategien für das Nein-Sagen können sein:

- Zeit gewinnen: Nicht von sich selber erwarten, im Moment gleich die richtige Antwort geben zu müssen. Über einen Verweis darauf, zuerst über das neue Anliegen nachzudenken oder dieses im Team zu besprechen, kann wertvolle Zeit gewonnen werden.
- Anliegen für sich selber reflektieren: Welche Konsequenzen hat eine Annahme oder eine Ablehnung? Was bedeutet eine Ablehnung für das Gegenüber?
- Wer seine (freien) Kapazitäten und Prioritäten kennt, kann abschätzen, welche Konsequenzen ein Ja hat respektive ob aufgrund der aktuellen Auslastung oder Verbindlichkeiten eigentlich nur ein Nein eine Option ist.

Zwischen dem Ja und dem Nein liegt noch das Ja, aber. Dadurch wird an die persönliche Einwilligung eine Bedingung gestellt.

Beispiel

- «Diese Woche bin ich komplett ausgelastet, aber ich kann mich damit in der Folgewoche beschäftigen.»
- «Das komplette Arbeitspaket kann ich leider nicht übernehmen. Aber ich kann anbieten, gewisse Aufgaben daraus zu übernehmen.»◄

Auch ein Gegenangebot ist möglich, in dem das Problem vergemeinschaftet wird und damit die Grenzen neu verhandelt werden.

Beispiel

- «Ich sehe, das ist ein wichtiges Anliegen. Ich werde dies mit meinem Vorgesetzten besprechen, ob das jemand aus dem Team übernehmen kann oder ob die Arbeit an einem anderen Arbeitspaket zurückgestellt werden soll.»
- «Das ist ein wichtiges Anliegen. Wir besprechen morgen im Team Meeting, wie wir damit umgehen können.»◄

5.2.2 Verhandeln

Ja, aber und Gegenangebote führen in die Verhandlung. Wer im beruflichen Umfeld Grenzen setzen will, führt bewusst oder unbewusst eine Verhandlung durch. «Hart in der Sache, weich gegenüber den Menschen», lautet der bekannt gewordene Satz aus dem Harvard-Konzept (Fisher et al., 2018). Dabei handelt es sich um eine kooperative Verhandlungsstrategie, durch welche optimale Verhandlungsergebnisse (sogenannte Win/Win) erreicht werden können. Voraussetzung dafür sind (Kuster et al., 2022, S. 374):

- Die Parteien haben Spielräume, die sich gegenseitig überlappen.
- Die Parteien setzen bewusst ihre Machtfaktoren nicht ein.
- Die Parteien verfügen über eine hohe kommunikative Kompetenz und legen ihre Informationen offen.

Beispiel

Eine Projektleiterin, die mit zu vielen Projekten betraut wurde und für die es völlig unrealistisch ist, mit den aktuellen Kapazitäten alle die an sie gestellten Ziele zu erfüllen, sucht das Gespräch mit ihrem Vorgesetzten. Sie legt ihr Dilemma offen, zeigt Ihre Auslastung der vergangenen Wochen und ihre Arbeitsplanung. Wenn sich die beiden auf Augenhöhe begegnen und für die gegenseitigen Sachzwänge und Einschränkungen Verständnis zeigen, aber auch ihre Beziehung zueinander und ihr Engagement für die Arbeit würdigen können („weich" gegenüber den Menschen), kann es gelingen, dass die Erwartungen an die Rolle der Projektleiterin neu definiert wird und ihre wichtigen Anliegen wie die maximale Arbeitszeit oder eine klare Priorisierung geklärt werden können („hart" in der Sache).

Setzt der Vorgesetzte seine Machtfaktoren ein im Sinne von „Ich bin der Chef, du musst das leisten.", wird es nicht zu einer für beide Seiten optimalen Lösung (Win/Win) kommen, die im Zentrum der kooperativen Verhandlungsstrategie steht. Der Projektleiterin muss dann abwägen, welche der weiteren Verhandlungsstrategien zu einem für sie bestmöglichen Resultat führt respektive in der aktuellen Situation realistisch sind: Kompromiss (beide Parteien machen vertretbare Konzessionen), Anpassung (die eigenen Interessen werden geopfert), Durchsetzung (die eigenen Bedürfnisse werden durchgesetzt) oder Ausweichen (die Auseinandersetzung wäre sinnlos).

Da Verhandlungen immer zwischen Menschen stattfinden, die zueinander in Beziehung stehen, ist die Verhandlungsstrategie immer auch abhängig von der Beziehungsqualität (Kuster et al., 2022, S. 368).◄

5.2.3 Konflikte austragen

Oft ist es so, dass Projektaufträge, Projektziele, Projektressourcen oder auch die Erwartungen an die Rolle der Projektleitung in der Intensität des Berufsalltags ungenügend geklärt und verhandelt werden. Dann ist die Wahrscheinlichkeit hoch, dass Projektleiter:innen auch Konflikte austragen können müssen, um Grenzen aufzuzeigen oder diese zu setzen. Karl Berkel (2014) definiert einen Konflikt folgendermaßen:

►„Ein Konflikt liegt dann vor, wenn zwei Elemente gegensätzlich oder unvereinbar sind."

Die Grundspannung in Projekten (Abschn. 2.2) legt die Unvereinbarkeit und Gegensätzlichkeit offen: Effiziente „Lieferung" in hoher Qualität soll mit beschränkten Ressourcen und in knapper Zeit erreicht werden.
Konflikte sind grundsätzlich nichts Schlechtes oder Bedrohliches. Miteinander zu streiten ist eine wichtige Kompetenz des Menschen, um persönliche Bedürfnisse und Grenzen zu schützen. Die wesentliche Frage ist jedoch, wie Konflikte ausgetragen werden: Steht der Inhalt im Vordergrund und gelingt es, bessere Lösungen

für die Konfliktparteien zu finden oder werden Konflikte personalisiert und der Fokus liegt darauf, Schuldige zu finden?

Im Portfolio der Strategien und Kompetenzen zur Regulierung der Grenzen müssen Projektleiter:innen auch Konflikte austragen können, wenn die Grenzen des Projektes oder auch die persönlichen Grenzen verletzt werden. In Bezug auf alle unter Abschn. 3.2.2 beschriebenen Grenzformen kann es zu Grenzverletzungen kommen. Und wenn die Projektgrenzen verletzt werden, hat dies meist auch eine Konsequenz auf die Grenzen der Projektleiter:innen.

Eine weitere Herausforderung im Konfliktmanagement liegt darin, dass Konflikte nur bearbeitet werden können, wenn alle involvierten Parteien dies auch akzeptieren. Wenn sich eine Partei verweigert, bleibt der betroffenen Person nur die Möglichkeit, das Spannungsfeld nach innen zu regulieren (durch Reframing Abschn. 5.4.1) und/oder sich komplett abzugrenzen.

5.2.4　Aufgaben und Verantwortlichkeiten klären

Projektleiter:innen sind die Generalist:innen im Projekt. Bei ihnen kommen alle Fäden zusammen, sie haben Einblick in die vielen Teilbereiche und stehen im Kontakt mit allen Anspruchsgruppen. Daher sind sie stark exponiert für den Umstand, dass ihnen immer wieder neue Aufgaben und Verantwortlichkeiten übertragen werden, trotz einer initial sorgfältigen Rollenklärung. Der persönliche Grenzschutz ist damit ein permanentes Thema. Werden neue Anforderungen über Change Request Management quantifiziert, schafft dies die Grundlage, dass die Konsequenz der veränderten Projektzielen adäquat im Zeit- und Kostenbudget des Projektes berücksichtigt wird.

Wenn Ressourcen nicht wie besprochen für die Projektarbeit zur Verfügung gestellt werden, gilt es auch, die eigenen Grenzen der Projektleiter:in, wie die vom Projekt zu schützen. Die Defizite sollten nicht unbesprochen kompensiert werden. Es gilt, über Verhandlungen und allenfalls auch über das Austragen von Konflikten, Lösungen zu finden, die für alle Parteien tragbar sind.

5.2.5　Umgang mit Grenzen der Mitmenschen

Grundsätzlich gilt, dass die Grenzen des Respekts und der Menschenwürde immer geschützt werden müssen. Niemand hat das Recht, einen Menschen zu erniedrigen, ihm verbal oder körperlich Unrecht anzutun. Vertrauen kann der Mensch nur dann entwickeln, wenn er seine eigenen Grenzen respektiert weiß. Wer nicht weiß, oder unsicher ist, wo für eine andere Person die Grenze ist, kann nur eines tun: Fragen.

Beispiel

Wenn das Projekt arg verspätet und der Liefertermin penalisiert ist, können Projektleiter:innen mit ihren Mitarbeiter:innen besprechen, dass Sonderschichten notwendig sind. Respektvoller Umgang mit den Grenzen bedingt aber, dass nicht einfach direktiv angeordnet wird, sondern gefragt wird, welche zusätzlichen Anstrengungen von der entsprechenden Person geleistet werden können, unter Berücksichtigung ihrer privaten Lebenssituation. Wenn die Person diese Möglichkeiten nicht hat, gilt es, dies zu respektieren. ◄

Meistens sind es gerade Drittpersonen, die zuerst merken, dass ein Mensch in die Erschöpfung oder sogar Richtung Burnout geht. Sozialer Rückzug, Dünnhäutigkeit, Gereiztheit, persönliche Abwertung oder auch lange Arbeitszeiten ohne Pausen können Indikatoren für chronischen Stress sein. Hier gilt es für Projektleiter:innen, das Gespräch zu suchen und Lösungsalternativen zu besprechen. Voraussetzung dafür ist, dass man selbst nicht unter hohem emotionalen Druck steht und den Blick für das große Ganze sowie seine Mitmenschen verloren hat.

Die beste Grundlage für einen respektvollen Umgang mit den Grenzen der Mitmenschen bildet daher der selbstverantwortliche Umgang mit den eignen Grenzen.

5.3   Grenzen öffnen

Viele Aussagen unserer Interviewpartner:innen bekräftigen, dass Spannungsfelder oft reguliert werden können, indem die Grenzen geöffnet werden (Abschn. 4.2). Die Kommunikationskultur mit internen und externen Stakeholdern ist wesentlich. Es gibt auch Situationen, in denen Projektleiter:innen im Umgang mit den inneren Grenzen offener werden müssen: Im Umgang mit den eigenen Leistungsgrenzen und damit auch im Umgang mit den eigenen Gefühlen und Befindlichkeiten.

5.3.1 Kommunikationskultur stärken

Das Silo-Denken grassiert in vielen Organisationen. Innerhalb einer Organisationseinheit ist die Kommunikation gut und es besteht eine hohe Verbindlichkeit für die gemeinsamen Ziele. Organisationsübergreifend – zwischen den einzelnen Ressorts – ist die Kommunikation und die Verbindlichkeit für die gemeinsamen Zielsetzungen jedoch oft mangelhaft, die Grenzen damit zu dicht.

Auch zwischen Teil-Projektteams oder zwischen Projektteam und Kundensystem kann es ein Problem darstellen, dass die Grenzen zu dicht sind. Der direkte Austausch in Meetings wird oft vernachlässigt. Dadurch können keine tragfähigen Beziehungen aufgebaut werden können. In diesem Fall gilt es, bestehende Grenzen durchlässiger zu machen.

> **Beispiel**
>
> Zusammenarbeit und Führung basiert auf Kommunikation. Ruth Seliger empfiehlt, in Teams folgende drei Kommunikationsräume zu bewirtschaften (2014):
>
> • Organisierte Kommunikation: Projektleiter:innen rhythmisieren die Zusammenarbeit, indem sie regelmäßige Meetings mit den Schlüsselpersonen durchführen.
> • Direkte Kommunikation: Nicht jede Person hat den Mut oder die Offenheit, schwierige Themen in einem Meeting anzusprechen. Im geschützten Zweiergespräch fühlt man sich sicherer, um sensible Themen zu klären und es bildet auch die Basis, die gemeinsame Beziehung zu stärken.
> • Informelle Kommunikation: Sei es ein Teamlunch, eine gemeinsame Kaffee-Pause oder ein Meilenstein-Event. Menschen brauchen auch nicht strukturierten Austausch, um sich besser kennen- und schätzen zu lernen.◄

Projektleiter:innen, die diese drei Kommunikationsräume ermöglichen und pflegen, schaffen damit Beziehungserfahrung. Je mehr Beziehungserfahrungen Menschen miteinander machen können, desto vorhersehbarer wird das Verhalten anderer Menschen. Dies schafft Sicherheit und fördert das gegenseitige Vertrauen.

5.3.2   Eigene Gefühle annehmen

Seine eigenen Gefühle und Befindlichkeiten annehmen zu können, ernst zu nehmen und nicht abzuwerten, sie zu integrieren in die eigene Lebensführung,
braucht eine Offenheit nach innen.

Dazu gehört auch, sich eingestehen zu können, dass man alleine nicht mehr
weiterkommt: Die meisten Projektleiter:innen kommen früher oder später in
Situationen, in denen sie Hilfe brauchen. Es gilt dann für sie, die persönlichen
Grenzen zu öffnen und den Mut und das Vertrauen zu haben, das, was heraus-
oder auch überfordert, zu thematisieren.

Im Normalfall ist die primäre Bezugsperson für die Projektleiter:in ihre direkt
vorgesetzte Person oder Auftraggeber:in. Aus der «professionellen» Rolle her-
auszutreten, die abgeklärt und souverän ihre Projekte leitet, und die persönliche
Herausforderung zu thematisieren, braucht Mut.

Denn wer seine Grenzen öffnet, macht sich verletzlich. Projektleiter:innen, die
eine gute Beziehung zu ihrer Bezugsperson im beruflichen Umfeld haben, wird
das einfacher gelingen wie jenen, für die diese Person nicht berechenbar ist.

5.3.3   Persönliche Leistungsgrenzen akzeptieren

Die persönlichen Leistungsgrenzen sind eng verbunden mit den eigenen Gefühlen. Viele tragen die lautesten Kritikstimmen in sich selbst: Hochleistungsgesellschaft ist ein Begriff für unsere Zeit. Viele Menschen übernehmen diese
Ansprüche und Idealisierung der Gesellschaft und können auch idealisierte
Ansprüche an sich selbst haben, die zu einer Selbstausbeutung führen. Die
Balance zu finden zwischen realistischen Ansprüchen an sich selbst und sich
annehmen können in dem, wer man ist und was man kann, ist wohl ein perma-
nenter Balance-Akt und besonders anspruchsvoll für leistungsorientierte und/oder
leistungsfreudige Menschen. Irgendwo hat jeder Mensch seine Leistungsgrenzen.
Diese gilt es annehmen und schützen zu können.

Zusätzlich sind die persönlichen Leistungsgrenzen nicht stabil. Sie können
sich über die Lebensspanne verändern oder auch situativ durch positive oder auch
negative Lebensereignisse beeinflusst werden.

Beispiel

Indikatoren dafür, dass die persönlichen Leistungsgrenzen substantiell überschritten sind, bilden die psychosomatischen Körperreaktionen bei chronischem Stress (Kaluza, 2018):

- Störungen der kognitiven Leistungsfähigkeit und Gedächtnisfunktionen
- Tinnitus, Hörsturz, erhöhter Augeninnendruck, Atemstörungen
- Muskelverspannungen, Kopf- oder Rückenschmerzen
- Magen-Darmbeschwerden
- Schlafstörungen

In diesem Fall sollten Betroffene unbedingt ihr Grenzmanagement reflektieren und auch frühzeitig die persönliche Situation unter Einbezug ärztlicher Hilfe besprechen.◄

5.4 Grenzen versetzen

Oft führt der Weg zur Regulierung von Spannungsfeldern nach innen, wie unsere Interviewteilnehmer:innen unter Abschn. 4.3 ausgeführt haben. Die persönlichen Erwartungen an sich und das Umfeld immer wieder zu regulieren und in einen realistischen Bezug zu setzen zu den aktuellen Rahmenbedingungen, bildet eine wichtige Strategie im Grenzmanagement und kann komplementär die Strategien des Setzens und Öffnens der Grenzen ergänzen.

5.4.1 Kognitive Restrukturierung (Reframing)

Oft haben Projektleiter:innen nicht die Entscheidungskompetenzen oder Handlungsspielräume, um auf äußere Spannungsfelder wie Ressourcenengpässe, schwierige Kunden, Marktentwicklungen oder technologische Entwicklungsschritte zu reagieren.

Umso wichtiger ist es, dass Projektleiter:innen die Spannungsfelder, denen sie ausgesetzt sind, bewusst reflektieren. In schwierigen Situationen ist es wichtig, Sachzwängen einen Sinn geben zu können. Hierfür leistet die kognitive Restrukturierung (Reframing) einen wertvollen Beitrag (Esch, 2014, S. 231). Die äussere, widersprüchliche oder herausfordernde Situation bleibt dieselbe. Wie die Situation persönlich bewertet wird, ändert sich jedoch. Über das Reframing wird ein neuer Rahmen gesetzt. Damit verschiebt sich die persönliche Bewertungsgrenze und man fokussiert auf etwas anderes, möglicherweise auf das „Gute im Schlechten". Wer Reframing betreibt, muss sich die Erlaubnis geben, spielerisch und manchmal auch etwas „verrückt" einen Perspektivenwechsel vorzunehmen.

Die Situation mag schwierig, herausfordernd oder auch verletzend sein. Es ist möglich, dass nicht gerechtfertigte Anschuldigungen im Raum stehen oder man mit nicht erfüllbaren Erwartungen konfrontiert ist. Und trotzdem geht es in dieser Situation darum, sich einen gedanklichen Freiraum zu schaffen für einen Perspektivenwechsel. Im Mittelpunkt steht dabei die Offenheit dafür, welche „Einladung" diese Situation an eine Person beinhalten mag oder welches persönliche Weiterentwicklungspotenzial darin steckt.

Beispiel

Ein Projekt ist völlig aus dem Ruder gelaufen. Erste Anlagen sind schon bei Kund:innen im Betrieb, die Qualität ist aber ungenügend. Es kommt zu Betriebsunterbrüchen und hohem Supportaufwand. Gleichzeitig soll die Entwicklung der Anlage weitergeführt werden. Die Mängelliste ist lang, die Kund:innen ungeduldig, die Stimmung im Team gereizt.

In einer solchen Situation ist die «gute Arbeit» nicht messbar am «guten Projektresultat» der initial geplanten Ziele. Es wird ein langer Weg sein, um ein solches Projekt zu stabilisieren, die ursprünglichen Entwicklungsziele zu erreichen und den Kund:innen wieder die ursprünglich erwartete Service-Qualität zu geben.

In dieser Situation kann ein Reframing nützlich und hilfreich sein. Als „Gutes im Schlechten" kann die Projektleiter:in möglicherweise erkennen, dass diese herausfordernde Aufgabe ermöglicht ...

- zu lernen, in einer schwierigen Situation abgeklärt zu bleiben und Spannungen abzubauen.
- den wertschätzenden Umgang mit sich selbst zu pflegen, auch wenn die Stakeholder Enttäuschung und Frustration entgegenbringen.
- Sich nicht zu verlieren in den hohen Anforderungen, für seine Grenzen einstehen und sich abgrenzen zu können.
- sich zu empfehlen für eine andere zukünftige Projektleitung oder einen weiteren Karriereschritt.◄

Reframing eignet sich gut, wenn damit die persönliche Weiterentwicklung gefördert werden kann. Durch Reframing können auch exogene Faktoren in die persönliche Bewertung einer Situation mitberücksichtigt werden. Statt sich für einen Projektverzug von zwei Monaten zu kritisieren, können Projektleiter:innen sich sagen, dass sie stolz darauf sein können, nur zwei Monate Verzug zu haben angesichts der schwierigen Rahmenbedingungen, mit denen sie konfrontiert waren.

Natürlich darf auch nicht jede schwierige Situation oder jedes Spannungsfeld durch Reframing neu bewertet und damit ausgehalten werden. Da, wo wesentliche persönliche Grenzen von Würde, Respekt, Werten, Abmachungen oder auch der persönlichen Leistungsfähigkeit verletzt werden, gilt es, über die Selbstbestimmung (Abschn. 5.1) Grenzen zu setzen und diese zu schützen (Abschn. 5.2).

5.4.2 Über Grenzen hinauswachsen

Im optimalen Fall können Projektteams und Projektleiter:innen die Potenzialdifferenz in ihren Spannungsfeldern nutzen für die persönliche Weiterentwicklung. Es ist oft beeindruckend zu erleben, wie Menschen an ihren Aufgaben wachsen können. Durch Grenzgänge und in Grenzräumen kann Wachstum stattfinden (Abschn. 3.5).

Oft werden Projektleiter:innen mit herausfordernden Projekten oder Projektsituationen konfrontiert, in denen vielleicht der erste Gedanke ist „Das kann ich nicht." Projekte sind das Resultat von innovationsgetriebener, interdisziplinärer Zusammenarbeit innerhalb beschränkter Zeit und Kosten. Damit sind Projektleiter:innen immer wieder mit neuen Herausforderungen konfrontiert, die immer beides beinhalten: Chancen für Wachstum, aber auch die Gefahr des Scheiterns.

Zu den Kompetenzen von Projektleiter:innen gehört damit auch, sich immer wieder auf Grenzgänge einlassen zu können. Das «Alte» trägt nicht mehr, aber das «Neue» fühlt sich noch unsicher an und benötigt viel Energie.

5.5 Zusammenfassung

„Ob Gift oder Medizin entscheidet das Maß", so lautet das von Paracelsus abgeleitete Sprichwort. Es kommt dabei zum Ausdruck, dass es die eine, „richtige" Strategie zur Regulierung der Spannungsfelder nicht gibt. Vielmehr gilt es, in der jeweiligen Konstellation die möglichen Strategien des Grenzmanagements zu kennen und die „beste" zu wählen.

Grundsätzlich basiert Grenzmanagement auf einem gut entwickelten Maß an Selbstbestimmung. Diese setzt den Sozialbezug der Interdependenz voraus. Hier werden die individuellen Grenzen respektiert und es werden gemeinsame, tragfähige Lösungsansätze gesucht.

Zur Regulierung der Spannungsfelder stehen Projektverantwortlichen unterschiedliche Strategien des Grenzmanagements zur Verfügung, die oft auch miteinander verknüpft werden können:

1. Grenzen setzen und schützen: Grenzen können gesetzt und geschützt werden durch Nein-sagen, Verhandeln, das Austragen von Konflikten, indem Aufgaben und Verantwortlichkeiten geklärt werden. Dafür gilt es auch, die persönlichen (Leistungs-)Grenzen sowie diejenigen der Mitmenschen akzeptieren zu können.

2. Grenzen öffnen: Der Mensch als soziales Wesen und Projekte als soziale Systeme sind hochgradig vernetzt zur Regelorganisation und zu den weiteren Stakeholdern. Dementsprechend gilt es auch, die Grenzen zu öffnen, um einen optimalen Austausch mit den Umsystemen zu ermöglichen. Dies geschieht v. a. indem die Kommunikationskultur gestärkt wird. Auf der persönlichen Ebene geht es in diesem Bereich darum, dass Projektleiter:innen die eigenen Gefühle annehmen können und nicht unterdrücken.

3. Grenzen versetzen: Reframing gehört zu den wichtigen Kompetenzen für Projektleiter:innen. Durch die kognitive Restrukturierung kann Sachzwängen ein Sinn gegeben werden, was wiederum ein wichtiger intrinsischer Motivationsfaktor ist. Die Chance in der Projektarbeit liegt immer auch darin, dass Projektverantwortliche über ihre Grenzen hinauswachsen können. Indem sie Herausforderungen bewältigen, die sie sich selbst vielleicht nicht zugetraut haben, machen sie Kompetenzerfahrungen die ihr Selbstwertgefühl stärkt und ihre Weiterentwicklung fördert.

Abschluss und Ausblick

Wir stellten am Anfang in Aussicht, Projektleiter:innen Strategien und Kompetenzen zu vermitteln, die es ihnen erlauben, sich in ihren Spannungsfelder möglichst produktiv zu bewegen und insgesamt die Arbeit mit Freude, Erfolg und bleibender Gesundheit erledigen zu können.

Es dürfte zum Ausdruck gekommen sein, dass Projektleiter:innen vielfältigen Spannungsfeldern ausgesetzt sind. Dabei sind sie jedoch häufig Teil der Erzeugung von Spannungsfeldern, in denen sie sich selbst bewegen und die für Andere gelten. Jedes Projekt hat eine Grundspannung, die unvermeidlich ist, ja sogar energetisierend wirken kann. Daneben bestehen spezifische Spannungsfelder zu den Stakeholdern, in Bezug auf die Ressourcen, zwischen Wunsch und Wirklichkeit wie auch zwischen der Arbeit und dem Privatleben.

Motivation, Engagement, Verantwortungsübernahme sind begrüßenswerte Aspekte in einer professionellen Berufstätigkeit. Sie leisten zweifellos auch einen wichtigen Beitrag zu einem gelingenden und erfüllten Berufsleben. Gleichzeitig müssen jedoch auch deren Grenzen erkannt und anerkannt werden. Und diese sehen bei den verschiedenen Menschen in den jeweiligen Kontexten unterschiedlich aus, wie auch die jeweiligen passenden Strategien im Umgang mit Spannungsfeldern unterschiedlich sind. Grenzen müssen dabei bekannt sein, sie sollten respektiert werden. Wird die Spannung zu groß, gilt es Grenzen zu öffnen, manchmal zu setzen oder zu versetzen. Der Umgang mit Spannungsfeldern und Grenzen kann kaum rezeptartig vermittelt werden, eine „Auslegeordnung", wie hier vorgelegt, kann jedoch Orientierung bieten und erste Ansätze für herausfordernde Situationen in der Projektarbeit liefern.

Es bleibt stets eine Spannung zwischen persönlichem Engagement und Begrenzung des eigenen Ressourceneinsatzes sowie möglichen Erwartungen des

51

M. Zirkler und C. Bachmann, *Produktiver Umgang mit Spannungsfeldern und Grenzen in der Projektarbeit*, essentials,
https://doi.org/10.1007/978-3-662-68316-3_6

Umfeldes, um nicht am Ende zwischen totaler Aufopferung und Entgrenzung zu zerbrechen. Die selbstbestimmte Regulierung von Spannungsfeldern ist damit eine wichtige Kompetenz, wie auch ein Ziel von Projektleiter:innen.

Entscheiden für die Leistungsfähigkeit in der Projektleitungsrolle einerseits sowie eine soziale Nachhaltigkeit (Zirkler, 2021) andererseits wird es sein, dass Arbeitskulturen entwickelt werden, bei denen die Reflexion von Spannungsfeldern und Festlegung von Grenzen einen hohen Stellenwert haben. Dazu sind Führungs- und Organisationskulturen notwendig, welche dies ermöglichen (Zirkler et al., 2022; Zirkler & Kotrubczik, 2012). Und je grösser die zu bearbeitenden Komplexitäten und je höher die damit verbundenen Erwartungen, desto dringlicher sind entsprechende Führungs-, Management- und Organisationskonzepte. Insgesamt kann man davon ausgehen, dass bei hoher und möglicherweise steigender Komplexität und damit verbundener Erwartungen an die Problemlösevariante «Projekt» die Anforderungen an Organisationen mit Blick auf ihre sozialen Aspekte ebenfalls steigen werden.

Hier sind alle gefordert, die in Organisationen Gestaltungsansprüche haben, es sind gleichzeitig Projektverantwortliche gefragt, die eigenen Grenzen und diejenigen des Projektes zu reflektieren und festzusetzen.

Wenn die Aufgabe der Projektleitung attraktiv sein soll, wäre es wichtig, dass die Fragen von Möglichkeiten und Grenzen der Projektarbeit auf allen organisationspsychologischen Ebenen (Individuum, Team, Organisation) als integrale Bestandteile von Ausbildungen und Schulungen Eingang finden.

Was Sie aus diesem *essential* mitnehmen können

- Die konkreten Spannungsfelder, mit denen Projektverantwortliche konfrontiert sind, sowohl in Bezug auf die Projekte wie auch auf sich selbst.
- Drei Strategien, um Spannungsfelder durch Grenzmanagement zu regulieren: Grenzen setzen und schützen, öffnen und versetzen.
- Bewährte Kompetenzen aus der Praxis der Projektleiter:innen zur Regulierung ihrer Spannungsfelder.
- Handlungsempfehlungen und Theorien für wirkungsvolles Grenzmanagement in der Projektarbeit.

© Der/die Herausgeber bzw. der/die Autor(en), exklusiv lizenziert an Springer-Verlag GmbH, DE, ein Teil von Springer Nature 2023
M. Zirkler und C. Bachmann, *Produktiver Umgang mit Spannungsfeldern und Grenzen in der Projektarbeit*, essentials,
https://doi.org/10.1007/978-3-662-68316-3

Literatur

Bateson, G. (1987). *Steps to an ecology of mind: Collected essays in anthropology, psychiatry, evolution, and epistemology.* Jason Aronson.

Berkel, K. (2014). *Konflikttraining* (12. Aufl.). Windmühle.

Bourdieu, P. (2021). *Die feinen Unterschiede: Kritik der gesellschaftlichen Urteilskraft* (28. Aufl.). Suhrkamp.

Esch, T. (2014). *Die Neurobiologie des Glücks* (2. Aufl.). Georg Thieme.

Fisher, R., Ury, W., & Patton, B. (2018). *Das Harvard-Konzept.* Campus.

Hatch, C., & Breitman, P. (2001). *How to say no without feeling guilty.* Harmony.

Kaluza, G. (2018). *Stressbewältigung* (4. Aufl.). Springer.

Kuster, J., Bachmann, C., Hubmann, M., Lippmann & Schneider, P. (2022). *Handbuch Projektmanagement* (5. Aufl.). Springer Gabler.

Largo, R. H. (2017). *Das passende Leben.* S. Fischer.

Luhmann, N. (1987). *Soziale Systeme: Grundriss einer allgemeinen Theorie.* Suhrkamp.

Ortmann, G. (2010). *Organisation und Moral. Die dunkle Seite.* Velbrück Wissenschaft.

Schönwälder-Kuntze, T., Wille, K., & Hölscher, T. (2009). *George Spencer Brown. Eine Einführung in Die „Laws of Form"* (2. Aufl.). VS Verlag. https://doi.org/10.1007/978-3-531-91964-5

Schwarz, G. (2001). *Die „heilige Ordnung" der Männer* (3. Aufl.). Westdeutscher Verlag.

Seliger, R. (2014). *Positive leadership.* Schäffer-Poeschel.

Volk, T. (1995). *Metapatterns. Across space, time, and mind.* Columbia University Press.

Winnicott, D. W. (2019). *Vom Spiel zur Kreativität* (19. Aufl.). Klett-Cotta.

Zirkler, M. (2021). Führungsethische Perspektiven sozialer Nachhaltigkeit. *Wirtschaftspsychologie, 3*(23), 66–79.

Zirkler, M., Knoepffler, N., & Albrecht, R. (2022). Leadership and cooperation: Ethical considerations and moral frameworking. In V. Schulte, C. Steinebach, & K. Veth (Hrsg.), *Mindful leadership in practice: Tradition leads to the future* (S. 171–195). Springer. https://doi.org/10.1007/978-3-030-97311-7_12.

Zirkler, M., & Kotrubczik, H. (2012). *Führung als Herstellung und Pflege einer Wertegemeinschaft.* Zürcher Hochschule für Angewandte Wissenschaften. https://digitalcollection.zhaw.ch/handle/11475/13103, Zugegriffen: 14. Sept. 2023.

}essentials{

Michael Zirkler · Birgit Werkmann-Karcher

Psychologie der Agilität

Lernwege für Individuen und Teams

 Springer

Jetzt bestellen:
link.springer.com/978-3-658-30356-3

Printed in the United States
by Baker & Taylor Publisher Services